NEGATIVIDADE E VÍNCULO

A mestiçagem como ideologia

Maria Inês Assumpção Fernandes

Coleção dirigida por
Maria Inês Assumpção Fernandes

NEGATIVIDADE E VÍNCULO
A mestiçagem como ideologia

Casa do Psicólogo®

© 2005 Casa do Psicólogo Livraria e Editora Ltda.
É proibida a reprodução total ou parcial desta publicação, para qualquer finalidade,
sem autorização por escrito dos editores.

1ª Edição
2005

Editores
Ingo Bernd Güntert e Myriam Chinalli

Assistente Editorial
Christiane Gradvohl Colas

Colaboração Técnica
Robson Coelho

Produção Gráfica
Renata Vieira Nunes

Projeto Gráfico da Capa
*Alberto M. Guedes/Tron Comunicação,
sobre a obra "Caipira picando fumo", de José Ferraz de Almeida Júnior*

Editoração Eletrônica
Helen Winkler

Revisão Gráfica
Eduardo Moreira

Dados Internacionais de Catalogação na Publicação (CIP)
(Câmara Brasileira do Livro, SP, Brasil)

Fernandes, Maria Inês Assumpção
Negatividade e vínculo: a mestiçagem como ideologia / Maria
Inês Assumpção Fernandes. – São Paulo : Casa do Psicólogo,
2005. – (Coleção Psicologia Social, Inconsciente e Cultura /
coordenadora: Maria Inês Assumpção Fernandes)

Bibliografia.
ISBN 85-7396-438-3

1. Antropologia social 2. Ideologia 3. Mestiçagem
4. Psicanálise 5. Psicologia social I. Título. II. Série.

05-8527   CDD- 302

Índices para catálogo sistemático:
1. Psicologia social   302

Impresso no Brasil
Printed in Brazil

Reservados todos os direitos de publicação em língua portuguesa à

Casa do Psicólogo® Livraria e Editora Ltda.
Rua Mourato Coelho, 1059 Vila Madalena 05417-011 São Paulo/SP Brasil
Tel.: (11) 3034.3600 E-mail: casadopsicologo@casadopsicologo.com.br
Site: www.casadopsicologo.com.br

SUMÁRIO

PREFÁCIO: UM LIVRO CORAJOSO, por Ecléa Bosi 7

UMA INTRODUÇÃO: ESCRITOS SOBRE A
PSICOLOGIA SOCIAL 11

CAPÍTULO I
Alguns traços registrados pela Psicologia Social:
a história de uma ideologia 19

O que é essencial para compreendermos a sociedade brasileira? 24

O excesso de realidade impede a reconstrução. 27

CAPÍTULO II
Políticas públicas e ideologia 35

Sobre as políticas em saúde mental 36

Sobre as políticas em Educação 48

Fragmentos do pensar sobre a cidade: os sentidos do morar 65

CAPÍTULO III
Da Psicologia Social à Psicanálise 87

CAPÍTULO IV
Questões epistemológicas: velhos e novos impasses 109

O que se joga nessa cadeia de significados e que gera o sentido? .. 120

CAPÍTULO V
Alianças inconscientes 123

PALAVRAS FINAIS
Cruzar a fronteira? 139

BIBLIOGRAFIA
Referências 145

Para Mariana

PREFÁCIO
Um livro corajoso

Nesse tecido obscuro e rico das relações entre a psicologia social e a psicanálise, o olhar de Maria Inês procura brechas ou fendas que permitam ver de forma nova a mestiçagem como ideologia.

Enfrentando a pluralidade de etnias e culturas da vida brasileira, busca na sociedade mestiça os momentos de crise, transformações, rupturas, apesar da ideologia que tenta recobrir esses momentos com a falsa idéia de continuidade.

Revela-se a mestra experiente que conduziu e conduz alunos a participar de suas aventuras de conhecimento e ação nas áreas da saúde, da educação, do espaço público urbano.

Convido o leitor a participar dessa aventura do espírito, não sem riscos. Convido-o a entrar com Maria Inês nos hospícios, nos hospitais-dias, nos abrigos, mas sobretudo a percorrer a cidade onde o doente mental é o estrangeiro.

Ele pertence ao povo a quem cabe melhor que a qualquer outro o nome de **povo do abismo** que Jack London designou.

É possível ter caminho de volta à cidade após ter vivido no manicômio?

Como se dá o registro psíquico dessa passagem? Interpretando as vivências narradas, emerge o belo conceito de **cidade-nova**. Cidade-nova que, por impossível, ao menos floresça no solo da **cidade-oculta da memória**.

Estudando a história de representações e imagens do Brasil, atinge o núcleo do que seja identidade, atravessando com valentia os estereótipos e contradições dos mitos que a tem alimentado. Aproximando ideologia da doutrina freudiana do super-ego, a autora continua seu indagar, entrando em caminhos que se bifurcam em "cruzamento crescente e vertiginoso de tempos divergentes, convergentes e paralelos".

Denuncia representações sobre mestiçagem como apagamento falso das diferenças que irá culminar em políticas discriminatórias. É no esquecimento anestésico que permite a inserção numa sociedade violenta.

Quando aborda as políticas públicas a autora liberta o conceito de saúde mental de uma pesada herança clínico-médica.

A relação entre doença mental e estrutura econômica aparece como verdadeiro objeto de uma psicologia social que pensa as relações de trabalho, a perpetua mobilidade do homem "viajante-prisioneiro" de nosso tempo.

Entre os determinantes ocultos do comportamento, as instituições voltadas para a exclusão "deixam cicatrizes ainda antes de curar a ferida". O texto busca uma redefinição profunda do que seja saúde mental e afirma: "todo conhecimento corre o risco de se transformar em ideologia e se perpetuar em instituição. A luta deve nos impor um exercício contínuo de construção e desconstrução de nosso fazer".

Apelando assim para uma contínua vigilância, o livro traz sugestões valiosas sobre o papel histórico da universidade.

A exclusão social urbana é um tema constante; e a reflexão sobre a cidade não se dá do alto de uma torre, à distancia, mas do espaço obscuro e áspero do quotidiano.

É preciso abrir passagens na direção do outro, construir pontes na cidade, encontros que perdurem.

O encontro de grupos e coletivos com a psicanálise abrange um contexto amplo que não anula o individuo em nome do social, nem permite que o que deveria ser político se reduza ao humanitário-assistencial, redução tão comum em nossos dias.

Negatividade e Vínculo: Mestiçagem como Ideologia

Os autores e teorias aqui debatidos, de Freud a Kaës, de Adorno e Green são de extremo interesse; a relação psíquico-social é abordada de forma complexa (e inacabada como deve ser) abrindo-se em muitas direções que geram necessariamente impasses.

O livro cresce de interesse ao chegar a seu desfecho: a reflexão sobre a mestiçagem, à luz das alianças inconscientes. Um exame atento acompanha a evolução do pensamento de Freud, voltado para os processos psíquicos originais que derivam da intersubjetividade.

Nessa aventura teórica o leitor é convidado a não ficar no ponto de partida, mas a seguir adiante com Maria Inês e, enfrentando com ela as dificuldades do percurso, voltar enriquecido.

Só nos resta afirmar: trata-se de um livro corajoso.

Ecléa Bosi

UMA INTRODUÇÃO
Escritos sobre a Psicologia Social

O trabalho que apresento imagino ser mais um roteiro de leitura a partir de conceitos com os quais venho há anos trabalhando, na procura de brechas ou fendas que permitam compreender, a partir da mobilidade do olhar ou, talvez, de outro ponto de vista aspectos da 'vida brasileira' que já possuem intérpretes notáveis. Os objetos do olhar são descontínuos, e diversas as maneiras de encará-los. "Objeto de olhar e modo de ver são fenômenos de qualidade diversa; é o segundo que dá forma e sentido ao primeiro" (Bosi, 1999:12). A possibilidade de fazer algo provisório, um **esboço** que visa projetar idéias para explorar o tema, deixa o campo livre, uma tentativa para 'poder ver'e trabalhar, somente com aquilo que esteja ao alcance de minhas mãos. Roteiro de leitura, esboço de um projeto, inacabado portanto, apoiado nalgumas ferramentas teóricas, que possam enfrentar tal desafio. Talvez permita a construção de um argumento que o justifique ou que me justifica.

A tarefa de pesquisadora, nos ensina Ecléa Bosi (2003), é redimir o insignificante, o quase invisível, os instantes obscuros da história dessa anarquia claro-escuro. De algum modo este roteiro está penetrado em mim. Nunca foi escrito e em minhas intenções já foi pensado ou já foi escrito por outras mãos e com outras ou com as mesmas palavras. Será construído com os mesmos tijolos usados noutras construções, talvez com mudança na argamassa. Procuro abrir passagem entre disciplinas, entre objetos e métodos, sem poder, como diria Kaës, me utilizar "dos caminhos do contrabando e sem me deixar sobretaxar pelos direitos da alfândega" (Käes, 1996: 99).

Os aspectos da "vida brasileira" que recorto, para pensá-los, colocam problemas para a Psicologia Social e para a Psicanálise, duas áreas de conhecimento que produziram recursos teóricos com os quais trabalho. Tais problemas não podem deixar de focalizar a questão mais geral das relações entre as pessoas numa "sociedade mestiça".

Estes aspectos oferecem à discussão a problemática da construção de um conjunto social marcado por múltiplas etnias, heranças culturais, valores e religiões diversas. Evidenciam a origem escravagista e as "mutações do cativeiro" (Patto, 2000) em que vivemos. Permitem a retomada da pergunta sobre a *relação entre o psíquico e o social*, nas crises, rupturas, continuidades e transformações que se mostram em nível individual, institucional, sócio-cultural, político, econômico ou jurídico. No nível teórico retoma a investigação sobre a transmissão psíquica e social entre as gerações.

O propósito, neste momento, é olhar à espreita dos instantes obscuros, amparada pelo conceito de *alianças inconscientes* para poder descrever e compreender certos fenômenos da sociedade brasileira. O conceito de alianças inconscientes, será trabalhado fora do lugar de seu nascimento, embora suficientemente assentado no solo epistemológico da psicanálise, particularmente vinculado à figura do *negativo* ou à problemática geral da negatividade.

Múltiplas pesquisas têm sido por mim acompanhadas. A tarefa de pesquisador social me coloca, por mais distante que esteja do campo onde as palavras foram e são colhidas, muito perto das pessoas que as enunciam. Essas pessoas constroem o mundo no qual nos reconhecemos.

Reconheço, nesse esboço de projeto ou neste roteiro, o início da construção de uma tessitura, onde a fiação deixou furos, largos o suficiente para que vejamos os fios e os vazios entre eles. Olhamos, simultaneamente, para o que está à nossa frente e o que, através do vazio, permite enxergar o possível.

Negatividade e Vínculo: Mestiçagem como Ideologia

Essa tessitura alinhava projetos levados a campo por muitos estudantes, alunos, ex-alunos e pesquisadores, a quem sou eternamente agradecida, que empreenderam suas aventuras em diversas áreas de conhecimento do campo social. As áreas da saúde, da educação, do espaço público urbano, estão neles contempladas.

Dessa forma, nos capítulos, deste roteiro de leitura, que se seguirão, teço algumas considerações sobre essas áreas a partir dessas pesquisas encabeçadas pelos estudantes e por mim acompanhadas, sobre os "dados" colhidos e sobre as exigências de reflexão que elas instalavam.

Na área da *saúde*, atravesso fundamentalmente o terreno da *saúde mental*, nos hospícios e nas casas de loucos, nos hospitais-dia, nos parques que hoje em dia os abrigam, nas moradias, um novo "lugar" para a casa.

Essa travessia me permitiu conhecer esses espaços e construir laços com as pessoas que neles trabalham ou são nelas "assistidas". Construir estreitos laços de amizade com esses pesquisadores que estiveram no "corpo a corpo" com essas pessoas, união requerida pela trajetória da investigação.

A percepção do *espaço e do tempo*, nesses lugares e nas pessoas que aí habitam, desperta a vontade da aventura por novos caminhos teóricos a fim de compreender como se conferem diferentes significados ao meio e como as pessoas amarram suas vivências ao longo do tempo, para que não se percam.

Uma pergunta inicial pôde então ser formulada. Os encontros, que davam condição à construção das entrevistas, um dos procedimentos utilizados, assim como os encontros em grupos e grupos de supervisão para os trabalhadores permitiam, a cada momento, enveredar por novos caminhos, reconhecendo na "conversa" aquilo que se apresentava como relevante para a pessoa e para o grupo do qual ela fazia parte e aquilo que era capturado pela palavra já "recortada e confeccionada pela cultura" e mostrava o processo de estereotipia e paralisação do pensamento (Bosi, 2003:45). Eram, estes últimos, momentos em que a *ideologia* se apoderava da palavra inédita e a revestia de um discurso oficial dominante. Falar sobre loucura, tratamento, políticas inovadoras ou substitutivas ao que se entende como modelo manicomial, foram temas recorrentes e ressoavam nas pessoas de modos diversos, conforme o lugar que ocupavam na "malha" institucional e de acordo com as possibilidades de reconhecer os significados que atribuíam às suas experiências: como seria possível, nessa experiência mútua de construção de si mesmo e dos outros, a atribuição de significados e o sentido dela decorrente.

Cadeia de significados diversos foi colocada em jogo, em cada uma dessas pesquisas, e descortinava um horizonte onde os mesmos significados eram conferidos a situações distintas, a objetos distintos, revelando o esforço de trabalho psíquico, para garantir a singularidade da trajetória individual e a manutenção do vínculo, numa trajetória compartilhada, como a que se dá nas instituições.

Na área de *educação*, especialmente em educação superior, o percurso como pesquisadora se deu a partir de atividades acadêmicas e políticas, seja no âmbito da universidade ou de associações nacionais voltadas para o ensino superior.

Nesta área, a cada passo, o terreno pisado era reconhecido e reconfigurado instalando uma pergunta permanente sobre o destino das pessoas que anseiam pelo alcance de um "título" universitário como forma de acesso a um emprego, talvez a um novo lugar social ou, quem sabe, ao que se tem chamado "cidadania".

Cada nova informação era assustadora. O campo parecia estar minado. Nada "sobrava" de positivo no que se referia às perspectivas por mais que se procurasse, pelo investimento pessoal dos envolvidos, levar as pessoas ao contato com as informações, contidas na lei, com as interpretações da lei, com o que está presente nos documentos. A necessidade de "tomar posição" frente às novas demandas, por exemplo, quanto ao sistema de avaliação de ensino, levava a instituição a um regime de urgência onde o fazer (qualquer coisa) precedia a atitude crítica e a manifestação de um pensamento mais claro.

Os documentos e as novas formulações quanto à educação superior, produzidas pelos organismos internacionais, levam a um ajuste contínuo nas empresas de educação em relação às novas modalidades de oferta de "produtos". Ensino é mercadoria valiosa.

Recente notícia em jornal de veiculação nacional (Souza, 2003: A-9) mostra como os fundos de investimento externos pretendem adquirir instituições para depois venderem sua participação, evidenciando ao apostarem suas fichas "na aquisição total ou parcial de instituições privadas de ensino do país (...) que movimentam R$ 15 bilhões e cresceram 157% nos últimos nove anos", o grande negócio que se descortina. Essas operações já se davam em setores de serviços e setores industriais diversos, como as redes de farmácia, os laboratórios etc. O ensino superior, atualmente, está na mira.

Muito do que se entende por *serviço* mostra a transformação das relações entre o Estado e as manifestações da sociedade.

"A reforma do Estado brasileiro pretende modernizar e racionalizar as atividades estatais, redefinidas e distribuídas em setores, um dos quais é designado setor dos serviços não-exclusivos do Estado, isto é, aqueles que podem ser realizados por instituições não estatais, na qualidade de prestadoras de serviços" (Chauí, 1999:3).

Na discussão sobre a reforma do Estado, Chauí afirma que há um pressuposto básico, ou seja, o de que "o Mercado é portador de uma racionalidade sociopolítica e agente principal do bem estar da República". Com tal pressuposto podem-se colocar direitos sociais, como a saúde e a educação, no setor de serviços definidos pelo mercado. Amplia-se assim o setor privado, para além do que seria admissível. Este novo espaço vem a ser ocupado pelas grandes empresas, na mira dos grandes negócios, como a notícia acima citada revela.

A partir da compreensão advinda dessa interpretação sobre a reforma de Estado, redefine-se o sentido de universidade. Ensino superior é mercadoria a ser pensada pela lógica empresarial, onde a lucratividade e a produtividade orientam as novas "gestões". A docência é repensada a partir desses novos parâmetros e se torna uma "habilitação" rápida voltada para o alcance de uma "capacidade" a se adaptar a mudanças rápidas. As teorias se mesclam procurando revestir de conhecimento um empirismo nocivo, a serviço da demanda. Mestiçagem perversa. A marca registrada da docência, a *formação*, desaparece. Os princípios norteadores das políticas se mesclam e não permitem que se visualize sua orientação geral. Torna-se um conjunto de normas justapostas. Resta-nos a nostalgia da reflexão, da criação, da invenção e da crítica.

Na área do *espaço público* e do ambiente urbano, na cidade, os apelos são muito fortes. A partir da experiência marcante como o movimento de desinstitucionalização e com a desativação dos manicômios, fui levada a pensar sobre o *Morar*. Essa questão levou-me ao contato com a *Arquitetura* e com o pensamento de Foucault quando atribui à arquitetura um lugar especial ao se enlaçar com problemas da população, do urbanismo.

O que é morar na cidade? Como é morar?

Essa *experiência* do contato com as pessoas internadas que se mostravam nas pesquisas permitiu que me lançasse no imprevisível da Cidade, aberta (?) aos loucos. O livro *O Tempo Vivo da Memória* (Bosi, 2003), mostra como Flavio Di Giorgi ensina a etimologia da palavra experiência: "é o que salta fora (ex) do perímetro de um círculo já percorrido" (Bosi, 2003:42). O que saltava fora do perímetro do manicômio? O que seria "deles" e o que seria de "nós", ao se pensar sobre os novos modos de morar, agora *abertos ou impostos* aos "loucos": segregação já estabelecida entre "eles" e "nós". As histórias das pessoas revelavam esse momento de suas vidas e o que evocavam.

"A narrativa oral que ignora a sedimentação do discurso escrito é temporal e não espacializadora" (Bosi, 2003:44), o que leva a pensar sobre o momento ou a circunstância em que se deram os depoimentos. Como pensar o morar temporal, nessa narrativa, numa cidade de "espaços construídos"? Como o espaço é atravessado pelo tempo da narrativa oral, recortado do tempo vivido e revivido no corpo da memória?

Como intérprete que não foi à colheita dos dados, ouço a voz dos meus intermediários na escuta das narrativas. É no campo de

Negatividade e Vínculo: Mestiçagem como Ideologia

sentido construído nessa relação interpessoal que assento os tijolos deste roteiro.

As entrevistas com essas pessoas deveriam, pelo que se narrava, transformar a cidade e a morada que surgia da memória e começava a ocupar e a modificar a "cidade nova".

A cidade me animava e ampliava a ex-periência política, agora mais do que nunca, invertia os caminhos: "ir do hospício à cidade", proposta revolucionária no campo social e político, agora abria caminho para saber como a cidade *constrói seus lugares*, não mais revestidos da qualidade segregadora e "excludente" dos manicômios. É possível construir caminhos de volta à cidade após ter vivido nos manicômios? Onde se estava antes? Qual o registro psíquico que estabelece a passagem e está em trânsito quando se pensa nessa mudança do manicômio à cidade?

A memória da cidade, deve também estar nos manicômios e fica aí apoiada. Talvez revestida do "carinho" compartilhado entre os "internos", pessoas que por motivos tão diversos "deram entrada" nesses "hospitais".

O ganho político, da passagem dos hospícios à cidade, desconsidera a construção do caminho de volta das pessoas. É como se tivessem que abandonar lembranças de 50 anos, para "viver bem", nas novas casas. Mas como ficará seu "cantinho", construído na beirada de uma escada, com o papelão que permitia o convívio com o querido e alimentado cachorrinho. Como fazer. Como transpor esse espaço vazio entre o hospício e a nova moradia? Qual será a ponte a construir?

A cidade tem "afogado" as pessoas. São novas exigências; são novos contatos; são novos lugares, quais lugares?

Há que se ter certa *fisionomia* e anulação da *biografia*, para se entrar na cidade. As histórias de vida devem ser tecidas com outros fios, que não chegaram a passar pelos muros dos manicômios.

"De volta para casa", programa político do Ministério da Saúde envolve problemas que passam ao largo daqueles que o programa pretende contemplar. Talvez o encontro, "Cidade Aberta", algum dia existido, não tenha retorno senão pela transformação da memória

17

das pessoas que jamais romperam com as barreiras entrepostas entre a "saúde mental" e a "doença".

Espera-se pela sobrevivência e pela "intenção da semente" um dia germinada, deixando raízes. Se não deitou raízes, no solo do espaço urbano, ao menos no solo da "cidade oculta" da memória.

A problemática proposta neste trabalho será discutida a partir do conceito de *alianças inconscientes*. A pergunta que é disparada pelo problema se refere à possibilidade de ruptura dos elos que mantiveram os espaços e tempos demarcados e consolidados na história brasileira como um Brasil segmentado, marcado por estereótipos, embora na ilusão de ausência de fronteiras, *pela e na* mestiçagem, uma ilusão da harmonia dos contrários.

Que relação perversa nos mantém atados às "ideologias do poder", "direita ou esquerda", e nos condena a manter o "sempre igual" na aparência de rupturas transformadoras?

O que *nossa história* construiu e continua construindo?

Tendo como referência a contínua transformação "*falsa ou verdadeira*" da história; falsa pois seria a "transformação para não transformar"; verdadeira, pois seria uma transformação que suporia ruptura levando à superação de suas contradições, permito-me construir este roteiro.

Ele é marcado por pressupostos que, certamente, estão apoiados em princípios que sustentam a transição de paradigmas sociais, epistemológicos, políticos deste momento histórico, como aponta Boaventura Souza Santos (1998 a).

Sempre, é claro, novas mãos modelarão a matéria. Novos projetos. Novos roteiros. A palavra e as obras se transformam e se recriam.

CAPÍTULO I

Alguns traços registrados pela Psicologia Social: a história de uma ideologia

> *"Levar à consciência os mecanismos que tornam a vida dolorosa, inviável até, não é neutralizá-los; explicar as contradições não é resolvê-las."*
> Bourdieu, 1999:735

A busca por uma imagem do Brasil tem sido uma empreitada desde os tempos coloniais. Afinal o que somos nós, brasileiros? Quem somos nós como nacionalidade? Afirmou Alfredo Bosi, há muitos anos, que tal pergunta não pode satisfazer à ansiedade dos que buscam respondê-la, nem pela sociologia, nem pela antropologia, nem pela psicologia, "mas só por um saber sob suspeita, entre emotivo e dogmático, que se chama ideologia" (Bosi, 1988:160).

Atualmente *ideologia* é vista por um ângulo essencialmente negativo: falsificação, falsa consciência, inverso do real na "câmara obscura que é o aparelho ideológico" (Kaës, 1980:XII).

O *caráter nacional brasileiro*, tema de fundamental ensaio de Dante Moreira Leite analisa, através de um corte transversal, a *história*

Maria Inês Assumpção Fernandes

de uma ideologia e denuncia como a persistente pergunta está plantada no solo de uma cultura, apontando limites de classe e infortúnios da condição colonial (Leite, 1992:10).

Considerando a fase áurea para a caracterização do povo brasileiro, entre 1870 e 1920, quando é atribuído ao povo a indolência e falta de iniciativa, seguiu-se a ela uma outra etapa, nessa mesma empreitada, após a 1ª guerra mundial e a revolução de 1930. Nesse entre-guerras houve um esforço para derrubar a idéia de "caráter de povo" vinculado ao "conceito" de nação e à idéia de progresso. Tal esforço se deu através do Movimento Modernista. Contudo, parte desse grupo que dava sustentação ao Movimento manterá uma relação com o que se denominou "verdeamarelismo", como movimento político e cultural, do qual derivaria, mais adiante, o apoio ao nacionalismo de Vargas (Chauí, 2000:29). Retoma-se assim, transformada ou mascarada, a idéia de caracterização da nação.

Nesta nova etapa da caracterização, o retrato é outro: o povo que dá corpo a essa nação já não é, segundo os *quadros psicológicos*, apático e sem iniciativa, como na primeira; agora é retratado como avesso aos estudos científicos, cordial, generoso. Nesse período a *idéia de nação* pode ser considerada como a que transita da "questão nacional" para a da "consciência nacional" ou, na passagem da "ideologia do caráter nacional para a da identidade nacional". Dante remeteu, em sua análise, essa caracterização do povo aos contextos de *classe e de cultura* (Bosi, 1988:161).

Hoje em dia, falar em *identidade* implica falar da *globalização*. Deixemos clara a não neutralidade dos conceitos, mas a atribuição de que são altamente polêmicos, pois não apenas se pressupõem mutuamente como podem nomear fenômenos muito diversos (Ribeiro, 2002:479).

No entanto, valendo-se das ferramentas da psicanálise e do marxismo, como afirma Bosi, a preocupação em entender a psicologia social de grupos, em Dante, era denunciar há mais de cinqüenta anos, o modo de pensar por *estereótipos,* ou seja, a preocupação com a caracterização de um povo ou grupo étnico atribuindo-lhes

Negatividade e Vínculo: Mestiçagem como Ideologia

modalidades de *padrões de conduta* que certamente poderiam estar na base do que se entende por *preconceito*.

O "povo brasileiro" atravessado pela *ideologia do nacionalismo* carregava o peso de duas tradições. A primeira, de "unidade nacional" e a segunda apontava a "ação civilizatória dos portugueses, que introduziram a unidade religiosa e de língua, a tolerância racial e a mestiçagem" (Chauí, 2000:18) conforme aponta Gilberto Freyre. Não haveria, dessa forma, lugar para a luta de classes, mas para a *cooperação* entre o capital e trabalho, em busca do "país do futuro" assentado na ação criadora de Deus e da natureza, *mito* fundador do Brasil.

A psicologia social em Dante trabalha com os conceitos de *classe e cultura* e mostrava que a idéia de caráter ou de personalidades nacionais chocava-se com a compreensão de que o *gênero humano* é aprisionado entre o desejo e as instituições, conceitos da psicanálise, na época um de seus apoios teóricos.

Em sua investigação mostrava que "a maior dificuldade para uma explicação coerente do nacionalismo é o fato de apresentar formas e origens muito diversas, de acordo com a época e o país em que se manifesta" (Leite, 1992:23). Pode-se pensar que nacionalista foi o Romantismo Alemão, a Revolução Francesa, como movimento político liberal e, o Nazismo alemão, como movimento político autoritário. Neste ponto poder-se-ia confundir *nacionalismo* com *racismo* embora sejam conceitos independentes, na medida em que o racismo assenta-se sobre um conteúdo marcadamente biológico.

"A *ideologia racista* nunca foi uma verificação nacional, nem uma tentativa de interpretar objetivamente a realidade; ao contrário, sempre teve o caráter de justificativa para as desigualdades entre classes e povos". A fórmula para justificar o domínio branco sobre todos (Leite, 1992:31).

Em relação à Psicanálise, Dante refere-se à construção de um modelo e de um método inteiramente novo nas ciências humanas, tão rigoroso que se apresenta como o mais completo sistema de Psicologia e o toma como recurso para pensar o "caráter nacional". Desse sistema decorre sua recusa em descrever o homem normal ou a personalidade modal. A Psicanálise tem como objeto de estudo a investigação sobre os princípios do funcionamento psíquico e jamais a caracterização do que seja normal ou patológico. Assim não seria possível comparar personalidades e culturas (Leite, 1992:116). Propõe dessa forma, *analisar as ideologias* e, em seu método, demonstra as várias fases das *ideologias do caráter nacional* brasileiro: da fase colonial, vai ao romantismo, com a construção de uma imagem positiva do Brasil e dos brasileiros; atravessa o período dominado pelas Ciências Sociais e por uma imagem pessimista do brasileiro, chegando à década de 1950/60 com o desenvolvimento econômico e a superação da ideologia do caráter nacional. (Leite, 1992:147). Para tanto, percorre o caminho trilhado por vários estudiosos, de Silvio Romero, Afonso Celso, Manoel Bonfim, Paulo Prado a Gilberto Freyre e Cassiano Ricardo.

O sentimento nacionalista, como natureza, mantém uma ligação com a terra e com a comparação entre nacionalidades. Em Dante, essas marcas estão presentes na articulação crítica entre *inconsciente e cultura.*

Para abordar a dimensão do inconsciente, apóia-se na psicanálise. Freud tratou da *ideologia* em sua quarta conferência dentre as *Novas Conferências sobre a Psicanálise* (1932), quando expõe a sua concepção de Super-Ego. Segue-se uma crítica, nessa conferência, das "interpretações históricas e materialistas" que pretendem que "as ideologias" dos homens não sejam senão os resultados e as superestruturas de suas condições econômicas atuais. "É bem verdade, escreve Freud, mas não, sem dúvida, toda a verdade. A humanidade não vive a não ser no presente; mas o passado, a tradição da raça e dos povos subsistem nas ideologias do super-ego". (Kaës, 1980:2). Tais condições conferidas ao superego continuam a jogar na vida humana um papel importante, independentemente das condições econômicas.

Segundo Kaës a análise deste texto permite levantar uma hipótese sobre a concepção freudiana de ideologia. Embora sem dizer nada de específico quanto ao conteúdo da ideologia, Freud afirma que ela procede do superego e se inscreve, por isso mesmo, na cadeia das identificações. Ela constitui um elemento capital do *proces-*

Negatividade e Vínculo: Mestiçagem como Ideologia

so coletivo e individual, notadamente graças à mediação das funções do superego e do ego nas massas organizadas. Afirma que

"os novos movimentos coletivos que nascem da revolução política, da redistribuição social e da industrialização animam-se de idéias, de ideais e de valores cujos antagonismos são mais facilmente perceptíveis. A ideologia se organiza em discurso e em emblema necessários à construção da identidade coletiva, do sentimento de pertencimento, e da representação do mundo. E o que se produz atravessa as classes sociais e as nações. As guerras imperialistas de Napoleão vão suscitar na Alemanha aquilo de que ela precisaria para se unificar (...). Mas, uma mudança brusca então se efetua: se a ideologia é associação, ligação, sutura de idéias, ela é também dissociação do real e da ilusão, do discurso e da ação". (Kaës 1980:X)

Dessa forma, "ela pode se tornar arma e vetor de uma ação violenta (...). Ela será, pois, atacante e atacada, pelo seu poder de associação e pela sua força dissociativa". (Kaës, 1980:X). Sobre essa temática, retomaremos, de maneira mais extensa, a discussão mais adiante.

Em realidade, apoiando-se na descoberta do inconsciente, pode-se pensar que, "no fundo do discurso mais sincero, na escolha mais sincera de valores éticos, estéticos ou políticos, poderia estar embutida e disfarçada uma exigência irracional." (Konder, 2002:202). Freud se debruçou sobre esse tipo de exigência irracional, ao analisar o que se passou na Primeira Guerra Mundial, considerando a relação entre a guerra e a morte.

A antropologia psicanalítica, notadamente, abria também outras frentes na luta contra a noção de caráter nacional e sua ideologia G. Rohéim, etnólogo húngaro, em 1950 reafirmava a crítica sobre a possibilidade de nos apoiarmos nessa noção: "pode haver muitos tipos de personalidade, mas há apenas um inconsciente". (Bosi, 1988:165). Mais recentemente, André Green afirma "não se trata de denunciar a ideologia ou de excluí-la, mas de incluí-la como forma da verdade do desejo" (Kaës, 1980:8).

Muitas podem ser as questões que marcam o esforço de reflexão sobre a questão da *ideologia*, no que diz respeito à sua herança hegeliana e marxista, outro apoio de Dante, e as inúmeras questões que acompanham a trajetória da construção da psicanálise, ou seja, o enigma da constituição do sujeito na relação entre o "dentro", as determinações internas e o "fora", as determinações externas. Mas neste intrincamento entre o dentro e o fora como podemos analisar e perseguir o desafio pioneiro, instalado por Dante, a partir da psicologia social?

O que é essencial para compreendermos a sociedade brasileira?

Não seria possível responder a essa pergunta. Interessa-nos deixar claro a natureza da ação investigativa. Sobre a articulação entre inconsciente e cultura podemos delimitar o campo deste estudo e definir seu objeto. Abordado, a partir da relação entre *continuidade e ruptura*, entre *permanência e transformação*, portanto pensado a partir das *categorias de tempo e espaço*, consideraremos essencialmente a questão da *mestiçagem* procurando abordá-la, neste conjunto de escritos, operando com o conceito de *alianças inconscientes*, das *formações e processos intermediários*, tal como formulados por René Kaës.

Devemos reafirmar que a *mestiçagem* é tomada, nesse recorte, como "paradigma" das questões sociais de natureza violenta, embora se apresenta, quase sempre, com "sinal positivo". Raptada por uma ideologia que, ao mesmo tempo permite o sentimento de união, pelo suposto *apagamento da diferença*, essa diferença, no entanto, encontra *resguardo* nas práticas discriminatórias, sejam estas reveladas no cotidiano das relações, sejam estas presentes nas várias formulações das *políticas públicas*, em nosso país. Essa hipótese e essa tarefa é o eixo articulador da discussão que se seguirá.

Não há possibilidade nesta tarefa de anular a passagem pelos "intérpretes do Brasil" referência na qual me apoio, antes para me "certificar" das múltiplas leituras e dos vários enfoques que para me

Negatividade e Vínculo: Mestiçagem como Ideologia

apropriar da densidade abordada pelos autores dessa seleção organizada por Silviano Santiago (2002).

Vidas Secas, de Graciliano Ramos, é exemplo do maravilhoso. "Tudo é humano, demasiadamente humano" em *Memórias do Cárcere* (não apresentado na coleção acima citada), penso ser expressão do inesgotável que se revela no âmbito dos capítulos que se seguem neste roteiro de projeto.

Contudo, desejo registrá-lo como "verso", emblemático da experiência compartilhada nos debates com os temas aqui enfrentados.

Usando a metáfora do livro, como construção, neste *esboço* de projeto, cito Borges. Escreve, no conto, "Os jardins dos caminhos que se bifurcam", em *Ficções*:

"Antes de exumar esta carta, eu tinha me perguntado de que maneira um livro pode ser infinito. Não conjeturei outro processo que o de um volume cíclico, circular. Um volume cuja última página fosse idêntica à primeira, com possibilidade de continuar indefinidamente. Recordei também aquela noite que está no centro das '1001 Noites', quando a Rainha Sherazade (por mágica distração do copista) põe-se a referir textualmente a história das '1001 Noites', com o risco de chegar outra vez à noite na qual está fazendo o relato, e assim até o infinito. Imaginei também uma obra platônica, hereditária, transmitida de pai a filho, na qual cada novo indivíduo aditasse um capítulo ou corrigisse com piedoso cuidado a página dos antepassados (...) Detive-me, como é natural, na frase (ali descrita na carta): Deixo aos vários futuros (não a todos) meu jardim dos caminhos que se bifurcam. Quase de imediato compreendi; o jardim dos caminhos que se bifurcam era o romance caótico; a frase vários futuros (não a todos) sugeriu-me a imagem da bifurcação no *tempo*, não no *espaço*. Em todas as *ficções* cada vez que um homem se defronta com diversas alternativas, opta por uma e elimina as outras; na do quase inextricável (...) opta simultaneamente por todas. São futuros entrelaçados, entrecruzados a ponto de não poder elucidá-los. Cria, assim, diversos futuros, diversos tempos, que também proliferam e se bifurcam. Daí as contradições (...)" (Borges, 1989:79).

O mundo descrito por Borges em *Ficções,* que tomo emprestado para a construção deste livro, é também o nosso: instituições, praxes, normas, hipocrisias, perplexidades:

> "o nosso controverso, solitário, 'inútil e incorruptível' mundo, tão ilógico e tão real, onde 'a cicatriz antecede a ferida' e 'a vida sucede a morte', onde existimos, cones, figura geométrica como diz Borges, de um imenso labirinto" (Siqueira, 1989).

Vivemos o absurdo. Excesso de realidade? Testemunhamos o anonimato, a violência, a exaltação, a verdade, a mentira, a sugestão, o atropelo, a avareza, o desespero, a tristeza, a desconfiança, a publicidade da imagem perdida e sem unidade, a alegria do encontro quando existe. Afastados de nós mesmos pelas exigências cotidianas nossa travessia é uma corrida de obstáculos.

A cidade solicita toda energia. O que de nós não foi inteiramente capturado nessa corrida está marcado pela mutilação, está marcado pelo que já se foi. Adorno e Horkheimer anunciam que

> "O preço do progresso é aquele que nos coloca, atualmente, em conseqüência da sobrecarga de energia que nos é solicitada, numa situação de vivência em permanente perigo ou, ao contrário, numa paralisia geral semelhante àquela paralisia geral da inervação pelo uso do clorofórmio" (Adorno e Horkheimer, 1986:214).

E, aqui, tomo de empréstimo outra metáfora (citada pelos autores mencionados): o registro da carta de Pierre Flourens em relação ao uso do clorofórmio na prática de cirurgias. Dizia ele sobre o uso do clorofórmio:

nesse estado, *as dores são sentidas* ainda mais vivamente do que no estado normal. Nosso engano resulta da incapacidade de nos lembrarmos (após a operação) do que se passou. Se disséssemos a verdade a nossos pacientes, é provável que nenhum deles escolheria essa droga, ao passo que, por causa de nosso *silêncio*, costumam insistir no seu uso" (Adorno e Horkheimer, 1986:215).

Nosso silêncio. A droga para apagar a lembrança e sobrevivermos. Droga ou ideologia? Essa que nos afasta ou nos impede a reconstrução de nossa memória? Hoje talvez seja um dos desafios a enfrentar: o não apagamento, o não enfraquecimento de nossa memória.

Nas ficções de Borges, *memória e lembrança* guardam em relação ao tempo relações paradoxais, onde todos os tempos são possíveis. "São séries infinitas de tempos, um cruzamento crescente e vertiginoso de tempos divergentes, convergentes e paralelos (...) trama que enlaça todas as possibilidades". (Caïn, 1982:146). Hoje em dia em nossa história ou ficção brasileira, só o esquecimento torna suportável o viver. Excesso de realidade para a vida psíquica, é violência e morte. Resta-se aprisionado, no *esquecimento e no desconhecimento*.

"Onde a fronteira – se é que ela existe – entre história e ficção?" (Pessanha, 1988:33).

"A memória se forma *a posteriori*, quando se inscreve o fim da aventura e quaisquer que sejam as diversas evocações de tempos eventuais, é em torno de um único final, feito ao mesmo tempo de um único tempo, que se ordena um passado que se pode então reconstruir" (Caïn, 1982:146).

O excesso de realidade impede a reconstrução

Se formos pensar atualmente as contradições que atravessam o processo de mundialização / globalização, que solicita novo enfoque à heterogeneidade e à desigualdade estrutural entre regiões, países e no interior dos mesmos exigiria, em primeiro plano, que enfrentássemos o desafio de enxergarmos nosso horizonte, nosso futuro, a partir da reconstrução do passado. Afirma-se que na sociedade industrial estava-se 'acima ou abaixo' numa hierarquia, mas cada um tinha um lugar; com as transformações na sociedade, não há variação nas *posições*, ou se está dentro ou fora. Com a crescente fragmentação social e perda de referências, reatualizam-se os processos de "diferenciação" do outro e sua conseqüente multiplicação de sentidos, tendo como efeito particularizações e *atribuição de identidade* aos distintos grupos sociais (Silveira, 2000:55). Segmentação. Segregação.

Para Kaës (2005) "o mal-estar do mundo moderno nos defronta com um conjunto de revoluções que afetam as *funções do intermediário* no campo da vida social e da cultura" (Kaës, 2005, no prelo): a mudança da estrutura familiar, a fratura dos laços entre as gerações, a transformação dos laços de sociabilidade.

Todas estas "revoluções" colocam em cheque as crenças e os mitos que asseguram nosso pertencimento a um conjunto social, e abalam os alicerces de nossa identidade. Na medida em que as *formações intermediárias*, como as *crenças e os mitos*, não jogam mais seu papel, esses problemas e essas carências ampliam as dificuldades de integração seja no espaço psíquico seja no espaço social.

A globalização não tem levado em conta as desigualdades e os conflitos subjacentes às diferenças econômicas, políticas e simbólicas. Os afrodescendentes, por exemplo, continuam econômica, política e simbolicamente desiguais frente aos "brancos". Ainda é difícil

> "compreender as estratégias simbólicas atuantes nas comunidades ou na população dispersa dos afrodescendentes, esses que suportaram o peso da acumulação primitiva do capital e constituem até hoje uma espécie de símbolo ontológico das classes econômica e politicamente subalternas" (Sodré, 1997: 9-10).

O imaginário, neste momento, pode ser categoria importante para se entender muitas das chamadas *representações negativas* do cida-

Negatividade e Vínculo: Mestiçagem como Ideologia

dão negro, quando se considera que, desde o século passado, no período colonial, o africano e seus descendentes eram conotados nas elites e nos setores intermediários da sociedade como seres fora da imagem ideal do trabalhador livre, por motivos eurocentrados (Sodré, 1997).

Abordar a questão da construção da sociedade brasileira requer trabalhar sobre as representações, a partir da noção de diversidade ou pluralidade, requer também pensar a determinação dos "fatores psicossociais" na manutenção de nossas práticas discriminatórias.

Na pós-modernidade e aí os problemas se estendem ao mundo globalizado, as marcas identificatórias e nossas identificações encontram-se modificadas. As falhas na certeza ou segurança do ambiente constituem experiência geradora de angústia, na medida em que a perda do código reatualiza os conflitos intrapsíquicos entre as tendências de amor e de ligação e as tendências de ódio e desligamento. Veja-se a guerra recente entre a coalizão Estados-Unidos/Grã-Bretanha e o Iraque. Para além das dimensões econômicas mundiais que serão afetadas, o conjunto de representações que se pode construir sobre si mesmo e o futuro está completamente alterado, perturbado. A ameaça de desintegração dos apoios psíquicos é aterradora.

Segundo Puget, no âmbito dos processos sociais, o problema da representação psíquica sobre o social é árduo,

> "... a inserção social é imposta, ela inclui o indivíduo numa história que o precede e que o seguirá, tem uma *qualidade inconsciente* e transforma o sujeito em transmissor e ator de uma organização social na qual ele é sujeito ativo e objeto passivo. Ele será portador de um código que tem a ver com seu pertencimento à estrutura social. A realidade social é aquela que nos fala de todos os homens existentes em um certo contexto." (Puget, 1989:4). Será sobre essa qualidade inconsciente da ação (violenta) e da submissão (passiva) que me concentrarei.

Considerar a realidade humana e social como imposição leva-nos a refletir sobre a guerra, a violência e sua gestão, suas estratégias, sua logística. A problemática inerente à articulação indivíduo-sociedade é aquela dos laços sustentados por *pactos e acordos inconscientes* que, em certos momentos da vida se mantêm mudos restando, no entanto, ativos. São esses pactos que fixam a identidade transcendental do sujeito humano. Eles dão facilmente lugar à instauração de *acordos repetitivos históricos* e a pactos corrompidos que se expressam pelas várias formas da violência: nas discriminações contra a pessoa, no trabalho, no trânsito, na escola, nos esportes, no âmbito policial. Praticamente todos os âmbitos da vida das pessoas, seja com o mundo das coisas ou dos objetos, seja das pessoas entre si e consigo mesmas são invadidas.

Analisada do ponto de vista intrapsíquico a violência racista, por exemplo, manifesta-se pela impiedosa "tendência" entre nós, a destruir a identidade do outro. As identificações normativas e estruturantes – que permitem o acesso do sujeito às regras da cultura e lhe mostram o que é proibido ou prescrito a fim de que sejam garantidas a sua existência como ser autônomo e a do grupo como comunidade histórico-cultural – são a mediação necessária à construção da identidade e à formação dos ideais. No racismo, quando falamos dos afrodescendentes principalmente, mas não unicamente, instala-se uma ruptura nesse processo onde a construção dos ideais tem, como contrapartida, a negação do sujeito que os constrói e que deve, no entanto, mantê-los como referência. Identidade mestiça ou identidade negativa.

Se pensarmos nos episódios de violência do Estado como os registrados pela história passada e atual, vemos que,

> "qualquer que seja a teoria, no nível descritivo, a violência social é assimilada a uma manifestação descontínua, que tende a estabelecer ou a reforçar uma ligação entre um protetor e um ser sem defesa, anulando ou talvez aniquilando o mais fraco ou o mais enfraquecido. Produz-se por conseqüência uma redução do espaço de ligação e de socialização até sua mínima expressão; alguma coisa que é estrangeira ou estranha se impõe ao

EU, o sujeito é anulado, ignorado e o laço se transforma numa relação senhor-escravo" (Puget, 1989:10).

Nesses momentos históricos, os eixos de pertencimento social se desarticulam. Não há mais dilema nem questionamento porque o que está em perigo é a própria vida. A capacidade de pensar se restringe a zonas que confirmam a existência. O terrorismo de Estado e as formas de violência cotidiana na forma que assumem as práticas discriminatórias resultam na morte e na alienação.

Há uma lógica causal baseada em hipóteses falsas e se apóia sobre valores éticos perversos que promovem ações de corrupção. Como conseqüência, "os grupos de pertencimento se desorganizam ou ao contrário, aumentam sua coesão defensiva, e os grupos de referência se perdem" (Puget, 1989:12).

Ao lado do conjunto de hipóteses que se levanta para a compreensão dos efeitos dessa lógica, uma delas diz respeito à liberação de condutas irracionais e violentas ou o recurso ao pensamento místico como conseqüência de um reforçamento defensivo de certos grupos de pertencimento e das ideologias que evitariam o conflito com a estrutura de poder. Os pactos denegativos se fortalecem.

Uma das conseqüências possíveis em situação de ameaça social para o psiquismo é a produção de uma condição mental na qual se perde a possibilidade de reconhecer os indicadores que permitem discriminar o perigo proveniente do mundo exterior e efetuar a distinção entre imaginação e realidade. Não se conhece o código ou as regras do jogo. Adere-se ao que está sendo conduzido pelo grupo. O macro grupo social perde sua função de sustento na medida em que fica submetido à total irracionalidade. As regras habituais de coexistência são abandonadas.

"Quanto tempo o aparelho psíquico pode suportar viver em estado de ameaça sem recorrer à negação ou à submissão masoquista, renunciar a certos valores ou mesmo adotar como seus os valores do poder? Como podemos resistir aos valores do poder (...) que serve à tortura?" (Puget, 1989:18).

Os mecanismos psíquicos aqui envolvidos ao invés de estarem a serviço da defesa e manutenção do vínculo, instalam uma paralisia da atividade mental e causam o esfacelamento do Eu (alucinação negativa). Estamos na esfera do impensável. "O sujeito percebe que o agente da violência é concomitantemente (ao mesmo tempo) condição inelutável de sua sobrevivência e porta-voz de sua sentença de morte" (Costa, 1986:99). A violência presente nas práticas discriminatórias evidencia o cumprimento de certas funções psíquicas descritas no que acima mostrei como sendo próprias dos grupos e dos sujeitos nos grupos.

As possibilidades de modificação dessas "estruturas" e da entrada em circulação dos processos psíquicos que gerariam mudanças nas configurações grupais supõem múltiplas intervenções. Quebrar o ciclo dessa violência quando ela se manifesta para garantir a dominação e o triunfo de poderosos é necessário e outro desafio a enfrentar. A violência "não pode ser transformada, convertida em força de criação e de amor, senão quando cada um tiver reconhecido em si mesmo a dupla face da violência, muitas vezes negada" (Enriquez, 1997:89). "Pode-se relatar declarações racistas de tal maneira que aquele que as faz se torna compreensível sem por isso legitimar o racismo?" (Bourdieu, 1999:711).

A busca do conhecimento e a adesão à verdade têm sido nossa maior arma contra a opressão. A contínua investigação sobre *as alianças inconscientes*, sua transmissão e modalidades de manifestação nos grupos, na sociedade , é nosso instrumento de luta nesta investigação.

Todos sabemos como a medicina nascente, em suas origens, contava com a concorrência desleal de adivinhos, magos, feiticeiros, charlatões ou fabricantes de hipóteses, "a ciência social hoje se defronta com todos os que se vangloriam de interpretar os sinais mais visíveis do mal-estar social" (Bourdieu, 1999:735).

A compreensão do mal-estar e de suas verdadeiras causas supõe a identificação de sinais difíceis de se localizar, pois se apresentam, paradoxalmente, de maneira muito evidente. A violência gratuita nos campos de futebol e os crimes racistas são algumas dessas ex-

Negatividade e Vínculo: Mestiçagem como Ideologia

pressões. Na guerra outras funções psíquicas são solicitadas e outros sinais devem ser buscados. O terror excede a capacidade de suportar a representação da morte.

A busca do conhecimento deverá fortalecer nossa ação social na produção de políticas públicas que permitam trabalhar as contradições, as ambigüidades, as múltiplas ideologias que as determinam. Deixando em parte, à margem, a discussão sobre as diferenças entre política pública e planejamento estatal, digamos que

"a capacidade de atender a uma multiplicidade heterogênea de interesses através de políticas que possuam caráter geral e universalizante, o sentido assumido por esta ação revela certa forma de hierarquizá-los – nem sempre apreensível de imediato – numa direção que privilegia alguns desses sujeitos, conforme seus interesses, posições e lugares" (Augusto *et al*, 1985 e Draibe, 1986, *apud* Augusto, 1989:107).

No Brasil é importante destacar que, mais uma vez, a formulação e a execução de programas sociais pelo Estado têm feito prevalecer os interesses econômicos sobre as metas de eqüidade social. (Augusto, 1989). Essas observações são cabíveis, também, às políticas de saúde, educação e planejamento urbano.

Não podemos deixar que essa cultura da violência,

"expressa nas políticas, surrupie o quanto possa de nossa sensibilidade e imaginação e nos deixe atrelados às coisas, com a prevalência do imediato. Sem história e sem memória vamos sendo progressivamente silenciados" (Fernandes, 1999c: 75).

Para caminharmos adiante devemos sempre enxergar no horizonte que *"a solução não é suficiente para debelar o problema"* (Leminski, 1989).

CAPÍTULO II
Políticas públicas e ideologia

"Mas, se é verdade que a paciência dos conceitos é
grande, a paciência da utopia é infinita"
Santos, 1995:346

Chove o céu com aquela ampla igualdade distributiva que vemos; mas em a água chegando à Terra, os montes ficam enxutos, e os vales afogando-se: os montes escoam o peso da água de si, e toda a força da corrente desce a alagar os vales; e queira Deus que não seja teatro de recreação para os que estão olhando do alto, ver nadar as cabanas dos pastores sobre os dilúvios de sua ruínas. Ora, guardemo-nos de algum dilúvio universal, que quando Deus iguala desigualdades até os mais altos montes ficam debaixo da água (Padre Vieira, Sermões, Porto, Lello, vol. III, t. 8, pp. 55 ss, *apud* Bosi, 1994:129).

Há uma "severa advertência, quase uma ameaça aos grandes deste mundo: O que importa é que os montes se igualem com os vales, pois os montes são a quem ameaçam principalmente os raios, e reparta-se por todos o peso, para que fique leve a todos".

"O orador extrai sempre novas razões eqüitativas da natureza; daquela mesma natureza que daria, mais tarde, à retórica do puro capitalismo liberal razões simetricamente opostas: a um Rui Barbosa, por exemplo, a desigualdade social parecerá legitimada pelo modelo biológico pelo qual são tão diferentes entre si as espécies vegetais e animais, sem esquecer a indefectível comparação com os cinco dedos da mão...

Vieira, contrapondo a justiça de cima à injustiça de baixo, não só afirma que a lei de igualdade é superior ao acaso da desigualdade, como exorta os homens a mudarem o estado em que vivem, abandonando 'o que são para chegarem a ser o que devem'" (Bosi, 1994:129).

"Se amanhece o sol, a todos aquenta; se chove o céu, a todos molha. Se toda luz caíra a uma parte e toda tempestade a outra, quem o sofrera? Mas não sei que injusta condição é a deste elemento grosseiro em que vivemos, que as mesmas igualdades do céu, em chegando à Terra, logo se desigualam" (*Sermões*, III, 1, p. 157, *apud* Bosi, 1994:129).

Sobre as políticas em saúde mental

Na verdade, o desafio está colocado. Não mais a construção de um argumento que nos envie ao discernimento entre a lei divina e a lei dos homens, à igualdade e às desigualdades decorrentes da contradição entre elas, mas a construção de um discurso que nos conduza à clareza de percepção em relação aos caminhos percorridos pela "saúde Mental" no que diz respeito ao reconhecimento do que vem a ser dignidade humana, o exercício de direitos e liberdades.

Se o Estado como mediador da lei chegou a delimitar a esfera do público e do privado, a "experiência contemporânea, ao contrário, faz coincidir, na figura do governante, o lugar da lei, do saber, e do poder.

Negatividade e Vínculo: Mestiçagem como Ideologia

"Esta forma de política destitui de crédito o pensamento autônomo, com o que os governantes trazem de volta relações
interpessoais de mando e obediência, definidas pela posição da
autoridade como senhor das pessoas e das coisas. Há nisto uma
não distinção entre a pessoa e as instituições públicas, o que no
passado denominava-se aproximativamente de despotismo es-
clarecido" (Matos, 1999:35).

Essa relação repete-se em todas as esferas onde a ocupação do
lugar institucional exige a distinção entre o público e o privado. Da
perpetuação de relações de mando e obediência nos diversos domíni-
os da vida social derivam as contradições, evidenciadas no campo da
saúde mental, entre as proposições dos âmbitos político-jurídicos e as
teórico-conceituais, entre outras.

Dessa maneira, a questão sobre a qual versa este tema é complexa e urgente. Complexa porque sustenta e coloca em jogo emara-
nhadas relações e porque tal emaranhamento requer um exame multi-
disciplinar. Urgente porque é uma necessidade política e uma obrigação ética pensar nosso fazer cotidiano para procurar localizar nele os
*efeitos de determinação dos modos de produção decorrentes da
organização social e sua ideologia.*

Nosso horizonte, neste momento, está destinado apenas a delimitar os âmbitos envolvidos na análise do problema e a encontrar
possíveis brechas a partir das quais se ampliariam o entendimento da
teoria e da atuação que são propostas nos diferentes modelos teóri-
co-técnicos (modelos de cura), além de sustentá-los a partir de sua
relação com as possibilidades de subjetivação *impostas* pela sociedade. O propósito é repensar os problemas ligados à saúde mental,
deslocando-os do eixo que os evidencia sempre através do diálogo
entre posições teóricas que apresentam soluções técnicas imediatas.
Em relação a muitos desafios, acreditamos que as soluções técnicas
produzirão apenas resultados paliativos que não enfrentam, porque
não decodificam, os verdadeiros problemas.

Segundo Souza Santos, os desafios das sociedades contemporâneas e que devem ser evidenciados para a análise de nosso problema

são aqueles que entrelaçam uma classe de fenômenos gerados pelo estabelecimento de uma nova ordem transnacional e de uma nova ordem nacional, considerando que os limites de relação entre elas são difíceis de se estabelecer. Essa classe de fenômenos pode ser resumidamente aqui colocada e inclui três categorias. Aquela que diz respeito às dificuldades do sujeito, aqui entendendo os Estados Nacionais como sujeitos privilegiados.

"Ela supõe que a crise do Estado é a crise do sujeito dessa ordem e é revelada no plano das relações sociais como convulsão social, criminalidade, fundamentalismo religioso etc. Esta crise do sujeito revela que o sistema mundial capitalista, ao mesmo tempo que transnacionaliza os problemas, procura localizar as soluções e, efetivamente, se considerarmos a crise do Estado, fará baixar o patamar de localização das soluções, para o nível subnacional" (Souza Santos, 1995:320).

Percebe-se que o capitalismo instala antes um modo de vida do que um modo de produção. A relação entre interesse e capacidade é transferida, pelo individualismo e pelo consumismo, para a esfera privada. Remeter à esfera privada o reconhecimento de interesses e capacidades, encobre desigualdades e opressões. Os efeitos desse deslocamento fazem com que todas as questões a serem discutidas no âmbito do Estado passem a ser referidas somente à esfera privada. Dessa forma os verdadeiros problemas se tornam invisíveis e as soluções apresentadas são enganosas.

Outra categoria, dentro da classe de dificuldades, diz respeito ao *tempo*. A exigência de soluções a curto prazo, própria à temporalidade do consumo, desconsidera, principalmente na questão que estamos a considerar, uma temporalidade de médio e longo prazo, isto é, *intergeracional*, mesmo avaliando que a operacionalização dessas soluções ocorra na dimensão intrageracional. Por último, a terceira categoria que expressa nova dificuldade, diz respeito à localização do que se quer atacar, isto é, à questão do inimigo. Assim como se

Negatividade e Vínculo: Mestiçagem como Ideologia

globalizam os problemas também se globalizam suas causas, o que impede a sua visualização. As empresas multinacionais sabidamente consideradas responsáveis pelo estado das coisas, não são, certamente, o único inimigo.

Além disso e, tendo tais considerações como antecedentes, penso que abordar a questão da saúde mental, neste início de século, exige identificá-la como um problema sustentado pelos quatro axiomas fundamentais da modernidade. O primeiro deles é decorrente da hegemonia que a racionalidade científica vem assumindo e consiste "na transformação dos problemas éticos e políticos em problemas técnicos". Neste campo (delineado e sustentado por este axioma), "sempre que tal transformação não é possível, uma saída é buscada, qual seja, que a transformação dos problemas éticos e políticos se dê em direção aos problemas jurídicos" (Souza Santos, 1995:321).

O segundo estabelece que a legitimidade da propriedade privada é independente da legitimidade do uso da propriedade, o que propicia um individualismo possessivo e que se traduz pelo privilégio da interação com objetos, mais facilmente apropriáveis, antes de uma interação com pessoas.

O terceiro vai se mostrar pela "soberania dos Estados e da obrigação política vertical dos cidadãos perante o Estado" sem que haja contrapartida, e, por último, o quarto se apresenta pela "crença no progresso entendido como um desenvolvimento infinito alimentado pelo crescimento econômico, pela ampliação das relações e pelo desenvolvimento tecnológico" (Souza Santos, 1995:321).

Estes axiomas sustentam paradigmas que, por sua vez, estão na base da construção dos modelos delineados para a saúde mental.

"Estes axiomas moldaram a sociedade e a subjetividade, criaram uma epistemologia e uma psicologia, desenvolveram uma ordem de regulação social e, à imagem desta, uma vontade de desordem e de emancipação. Daí que o inimigo das soluções fundamentais tenha de ser buscado em múltiplos lugares, inclusivamente em nós mesmos." (Souza Santos, 1995:322).

39

Neste ponto, a discussão do tema exige um deslocamento radical, na medida em que as propostas até então apresentadas são sistematizadas em torno de heranças teóricas que traçam um caminho de solução técnica basicamente estruturado através de duas grandes vertentes, a "organicista ou biológica", de passado marcadamente localizado no campo da medicina e, a "biopsicossocial", herdeira de abordagens psicológicas.

Entendo que as soluções atuais devam contemplar um encaminhamento da questão sobre saúde mental na direção da abertura de um novo horizonte de possibilidades que suponha o reconhecimento de uma *crise de paradigmas* e, como conseqüência, de uma "transição entre paradigmas epistemológicos, sociais, políticos e culturais" (Souza Santos, 1995:322).

Os problemas atuais têm sido enfrentados através de uma discussão que se apresenta em diferentes níveis e que exige, para a compreensão das questões envolvidas, uma análise que atravesse pelo menos quatro âmbitos: o jurídico político; o sócio cultural: um teórico conceitual e um técnico assistencial.

A discussão, sabemos, tem sempre o apoio na história de verdades acumuladas e superadas, e impõe a construção de um novo saber. Contudo o

> "novo saber começa por ter uma função compensadora dos excessos (...) da racionalidade tecno-científica e como tal não pode ser pensado pelo processo cognitivo-social que o torna necessário, sob pena de perder a sua eficácia compensadora. Assim, quanto mais o novo saber é exigível, mais difíceis são as condições para o obter" (Souza Santos, 1998:37).

A situação da saude mental na América Latina é atravessada pelas inúmeras crises que têm conduzido a impasses muitas vezes considerados insuperáveis. No Brasil a situação se manifesta da mesma forma.

Nela o conhecimento é continuamente fragmentado, não se consolida e não é aprovado, em seus diferentes níveis, pelos sujeitos que

Negatividade e Vínculo: Mestiçagem como Ideologia

o constróem. Há um múltiplo descompasso em relação aos diferentes níveis, no sentido em que o desenvolvimento num deles raramente é acompanhado de transformação nos outros.

O conjunto de representações que circula entre os construtores desse novo saber, ocupando seus diversos *lugares* sociais e profissionais, é marcado por múltiplas contradições. Das "heranças" teóricas decorrem técnicas influenciadas por *contraditórias ideologias*. Neste ponto, as técnicas tornam-se adaptacionistas ajustadas aos modelos que se apóiam nas diretrizes políticas, de suposto caráter geral. Os ajustes teóricos e técnicos são realizados sem o rigor necessário. Os conceitos transitam de teoria em teoria, desapegados, portanto, de seu eixo organizador. As práticas se autonomizam gerando saberes descomprometidos com sua herança teórica. Como consequência temos o *apagamento das fronteiras entre as diferentes teorias que se tranformam em ideologias*. Não há mais discriminação. Instalam-se nestas brechas os mecanismos de segregação mantidos pelas técnicas. A miscigenação (de teorias) como ideologia apaga fronteiras.

A conceituação em saúde mental é marcada por muitos caminhos, cada um deles se oferecendo para instituí-la, e nenhum deles podendo dar conta da liberdade de abstração necessária, dos nós ideológicos, das heranças (sejam as materialistas, as fenomenológicas ou outras) que produzem as nomeações para a saúde e a doença.

Ocupar-se da saúde mental significa, num primeiro momento, procurar conceituá-la deixando-a "livre" da herança clínico-médica que a reconhece sempre no eixo da saúde e doença e indica as abordagens psicoterapêuticas como instrumentos de acesso e definição sobre o seu caráter. Retirar a saúde mental do eixo terapêutico implica ressignificá-la no eixo da saúde social e conduzir a discussão à dimensão da subjetividade enquanto expressão das diferentes modalidades de subjetivação de nossa cultura e das singularidades próprias do movimento de constituição do sujeito psíquico.

Entendida desta forma, reconhece-se atualmente a saúde mental como um campo problemático, constituído por múltiplos discursos normalizadores e adaptacionistas e povoado por mitos a respeito de doença mental e cura. Entendê-la, hoje em dia, resulta numa tarefa arriscada e altamente ideologizada, se não se reconhece que o seu caminho é composto por "critérios e normas como um produto cultural e portanto como construções analíticas, sujeitas à revisão e modificação" (Baz, 1996:16).

Seguindo a grande revolução no campo da medicina e autorizadas pelo desenvolvimento da biologia molecular e neurociências, as tendências atuais se dirigem para um aprofundamento no conhecimento dos fatores biológicos dos "transtornos mentais". Todavia, a importância deste conhecimento não está em expulsar o saber sobre a determinação social do problema, sob pena de atribuir a esse nível de determinação, um caráter hegemônico.

A relação entre doença mental e estrutura social tem sido objeto de investigação de uma psicologia social que, embora reconhecendo os fatores biológicos, não os opõe às determinações sociais. Procurando afastar-se dos modelos subentendidos às formas de tratamento, apoiados na afirmação de que o mal é, por sua natureza, aquilo que deve ser eliminado (o que suporia a idéia de um núcleo ou de um corpo perfeito que foi perturbado) reencontra a identidade do sujeito, produzida nas determinações múltiplas do social e não entregue à mortífera forma enclausurada de uma identidade em si mesma, imóvel e tendendo sempre ao reencontro de si mesma. O racismo, como antes discutimos, pode ser pensado como equivalente ao movimento de eliminação do mal; o mal da loucura. A saúde é colocada no lugar do ideal a ser atingido que, neste terreno, significa adaptação e obediência ao sistema.

A inclusão, nessa psicologia social, de uma metodologia de investigação que procura definir seu objeto, pela análise das muitas formas pelas quais ele se apresenta, é herança da metodologia de investigação da psicanálise que pesquisa os *princípios do funcionamento psíquico*. Essa investigação é realizada seja a partir dos estados definidos como *doença*, seja nas manifestações reconhecidas como próprias da *normalidade*.

Negatividade e Vínculo: Mestiçagem como Ideologia

Seguindo esta linha de pesquisa, as contribuições dos estudos epidemiológicos, de inquestionável importância, tornam-se relevantes à medida que os dados aí obtidos, aliados àqueles obtidos nas pesquisas qualitativas, permitem que se avalie a dimensão da grandeza da problemática em saúde mental em determinado momento histórico e, dessa forma, constituem-se em elementos fundamentais para a construção de novos projetos em saúde. Se tais estudos nos dirigem a atenção para a relação, por exemplo, entre o suicídio nos jovens e os problemas familiares (desintegração da família etc.), acrescidos da relação com os fatores econômicos e as drogas etc nossa preocupação estará centrada, para além das associações entre variáveis, no reconhecimento dos processos de subjetivação que estão em jogo, atualmente, num mundo globalizado onde a "vivência do tempo futuro" está inteiramente articulada às "redes de significação locais, coletivas/grupais" a que os jovens estão sujeitos.

Se a sociedade contemporânea funda-se no movimento, no trânsito cada vez mais rápido do capital (mercado); se as fronteiras geográficas, econômicas e culturais se transformam, impõe-se sempre aos sujeitos que nela vivem a condição de um eterno

"viajante – prisioneiro, exigido a se deslocar e a permanecer no mesmo local, a estar se movendo incessantemente (sem rumo!?) e a se submeter às redes psicossociais definidas pelos limites econômicos e sociais regionais" (Sterza, 2000).

Devemos, portanto, voltarmo-nos para as novas formas de subjetivação que, para além das variações das histórias individuais, revelem suas articulações com as condições sociais e históricas.

Dessa forma, qualquer proposta de transformação em saúde mental, em qualquer um dos âmbitos acima referidos, deve considerar que os dados estatísticos, obtidos a partir de estudos epidemiológicos, são fundamentais para mapear uma situação e devem ser usados como um dos indicadores, a ser levado em conta, nas propostas de transformação sugeridas. Nesse sentido, seguindo o encami-

Maria Inês Assumpção Fernandes

nhamento dado em algumas discussões, se dados preliminares sugerem que nossa realidade seja equivalente à americana, em relação a indicadores diagnósticos (como os obtidos no estudo "National Comorbidity Survey", *Arch.Gen. Psychiatry*,1994, citado em Filho,V.G. p.: 17,2% – pânico, fobias e obsessões; 11,3% – abuso e dependência de álcool ou drogas; 11,3% – transtornos depressivos; 0, 5% – esquizofrenia; 1,3% – outras psicoses), tais dados isoladamente não nos autorizam a encaminhar qualquer proposta de Reforma (psiquiátrica). Eles devem ser analisados, de um lado, à luz dos modelos que definem a categoria de sinais identificadores das doenças e, de outro, à luz dos indicadores das transformações reguladoras das relações sociais entre as pessoas, num dado momento histórico. Dessa forma, por exemplo, a mudança nas relações de trabalho pode estar determinando alterações nas relações entre as pessoas, emergentes dessas novas condições. Atribuir a essas novas condutas o caráter de um sintoma depressivo, por exemplo, pode mascarar e encobrir os fatores determinantes desse comportamento. Incluir tais pessoas, portadoras desses novos comportamentos, na categoria diagnóstica de depressivo é, no mínimo, perigoso.

Baseando-se em conceitos que privilegiam esses indicadores estatísticos, parte da legislação brasileira foi moldada. Essa legislação instala a segregação e a exclusão social das pessoas. A chamada

"exclusão social do doente mental implica: 1. *Exclusão jurídica* (pela interdição); 2. *Exclusão nos assuntos da vida familiar* (os segredos, os pactos de dependência, a vergonha, a construção permanente de fracassos); 3. *Exclusão no trabalho* (a aposentadoria por doença incapacitante, a noção de emprego de favor); 4. *Exclusão no processo educacional* (o estigma das classes especiais ou do apontamento pelos colegas da sua condição); 5. *Exclusão terapêutica* (hospitais psiquiátricos)" (Cintra, 1997:2).

Negatividade e Vínculo: Mestiçagem como Ideologia

Apesar da necessidade social de que se mantenham instituições voltadas para a pesquisa e para o atendimento em saúde mental, elas não configuram a forma única de acesso e de conhecimento sobre o funcionamento psíquico. A modernização, as "novas tecnologias" devem ser pensadas em relação à forma de conhecimento que obtém e à modificação que produzem no objeto que deve ser conhecido. Não há ilusão possível neste terreno.

Portanto, um conceito não deve nos enclausurar. A persistência de posturas unilaterais clássicas como são as sociológicas, as psicológicas e as organicistas, só reforçam seus aspectos ideológicos e não científicos.

"saúde mental deve ser concebida como inerente à saúde integral e ao bem estar social dos indivíduos, famílias, grupos humanos, instituições e comunidade; nesta dimensão da saúde mental articula-se o estudo dos problemas de saúde e doença mental, a investigação das necessidades psicossociais e a organização de recursos para satisfazê-las. Nesta perspectiva encontram seu lugar e definem suas interações dialéticas, os fenômenos políticos, os valores socio-culturais, as relações histórico-sociais, as vicissitudes dos conjuntos humanos e os efeitos que geram nas formas de vida, os enfrentamentos de poder" (Guinsberg, 1996:39).

Cabe-nos hoje a tarefa de lutar pela identificação dos *novos lugares da clausura*. Cabe-nos a luta não somente contra as conhecidas formas de exclusão, mas identificar as novas roupagens pela quais os mecanismos segregadores se apresentam.

Caminhamos alertados para a biologização do social. A busca de um conceito para a saúde mental deve levar em conta que nossa constelação ideológico-cultural de fim/início de século exige a luta pelo

"reconhecimento dos lugares em que as tecnologias dissimulam os senhores perversos aos quais elas servem. Em nome do progresso e do crescimento social, essas tecnologias referendam valores que se contradizem. Assim, aquilo que serve aos interesses é incorporado ao discurso e à prática. A *importação* entre os modelos não respeita fronteiras. Ela define os *raptos ideológicos* que introduzem uma falsa história no lugar da verdadeira e instalam assim obstáculos ao conhecimento do campo teórico-prático e ao reconhecimento dos sujeitos em suas relações cotidianas" (Fernandes, 1999:24).

A demarcação de fronteiras, no que diz respeito aos *equipamentos* em saúde mental, separa, tradicionalmente, instituições asilares, manicômios e hospitais psiquiátricos. No entanto, sabemos que essa demarcação encobre a relação entre a definição teórica que sustenta o modelo que por sua vez define um projeto de intervenção que supõe um processo de implantação desse mesmo projeto. Sabemos dos problemas referentes à implantação de projetos. A superação teórica não é acompanhada da superação, necessária, relativa ao conjunto de representações que se tem sobre saúde e doença (seja no âmbito social, técnico etc), por exemplo. Dessa forma uma instituição psiquiátrica, equipada com recursos médico-psicológicos requintados pode estar funcionando de acordo com o modelo de projeto asilar ou manicomial que pretende superar. "A simples diminuição dos espaços asilares e a proliferação de serviços de novo tipo não trazem nenhuma garantia de que essas modificações signifiquem que a desconstrução da cultura manicomial esteja de fato ocorrendo" (Bezerra,1999:10). O que está em jogo, para além da substituição de técnicas, de uma reorganização administrativa de serviços, da formação de profissionais e de uma transformação na concepção das instalações é uma "redefinição profunda do que sejam o objeto e o objetivo das nossas práticas de cuidado, e uma discussão acerca dos instrumentos que tal redefinição exige" (Bezerra, 1999:11).

Devemos estar atentos para a pseudo transformação e para as formas de violência que ela traz. Ela reflete um novo desencantamento do mundo na sociedade moderna.

Negatividade e Vínculo: Mestiçagem como Ideologia

"Tal desencantamento, de fato, ultrapassa todos os anteriores, pois sua pretensão mágica é total e inconsiderada. A cisão dos sentimentos, das experiências sensíveis e dos sonhos pela razão abstrata, deu origem a uma esfera de *irracionalismo* divorciada dos fins e idéias racionais – e isso tanto nos indivíduos como na sociedade em geral. A própria razão abstrata autonomizada é apenas em seus meios, racional, não em seu fim. Esse fim é a *economização* do homem e da natureza sob os ditames da moeda, que, por sua vez, não tem procedência racional, mas mágica. Não somente as relações sociais da modernidade são transpassadas pela moderna magia da moeda e seu irracional fim em si mesmo, mas também a própria ciência e técnica modernas. A racionalidade instrumental da consciência economizada corre portanto o eterno perigo de transformar-se em afetos irracionais. Tal irracionalismo moderno não se dá a conhecer sob a mera roupagem de movimentos religiosos, mas muitas vezes sob a figura racional de idéias políticas de fachada e até mesmo como pretenso conhecimento científico" (Kurz, 1997:192).

Nosso inimigo pode estar aí localizado. Hoje em dia os acontecimentos são produzidos sem a presença física de seus agentes, mas a massificação da miséria está à vista. Tornou-se urgente, portanto, ao capitalismo recuperar *certa dignidade*, mascarando seus efeitos perversos: "a dignidade de leis naturais para torná-lo invulnerável e arrebatá-lo ao contexto histórico" (Kurz, 1997:193), tem sido o caminho escolhido para a sustentação de ações que desprovidas de racionalidade apoiam-se na *ciência biológica* para encobrir seus fins irracionais. É nesse contexto que encontramos pesquisas na área de genética molecular marcadamente ajustadas ao reconhecimento de um fundamento biológico a comportamentos sociais. Kurz relata pesquisas que se referem ao livre arbítrio como um conjunto de *reações neurológicas* e a outras que dizem ter encontrado um vírus que supostamente desencadeia a melancolia.

Maria Inês Assumpção Fernandes

Todo conhecimento corre o risco de se transformar em ideologia e se perpetuar em instituição. A luta deve nos impor um exercício contínuo de construção e desconstrução de nosso fazer.

"A luta deve ser, portanto, contra um modelo de desenvolvimento que transformou a subjetividade num processo de individuação burocrática e subordinou a vida às exigências de uma razão tecnológica que converte o sujeito em objeto de si próprio" (Fernandes,1999:46).

Sobre as políticas em Educação

Abandono das instituições: construção de políticas públicas e universidade

(...) na prática eu não posso entrar no jogo se não me submeter; meu motivo para aceitá-las é meu desejo de jogar; e uma vez que os homens só podem existir no plural, meu desejo de jogar é idêntico ao meu desejo de viver. Todo homem nasce numa comunidade com leis preexistentes às quais ele "obedece", em primeiro lugar, porque não há outro meio de ele entrar no grande jogo do mundo. Posso querer mudar as regras do jogo, como fazem os revolucionários, ou abrir uma exceção para mim, como fazem os criminosos; mas negá-las, em princípio, não significa "desobediência", mas a recusa a entrar para a comunidade humana. (Arendt, 1973:165)

Os estudos sociológicos têm mostrado, como nos informa Souza Santos (1995), o quanto as contradições no sistema educativo podem encobrir articulações mais profundas entre os diversos sub-sistemas sociais. Citando Bourdieu e Passeron demonstra que o sistema educativo pode funcionar de tal forma que a contradição entre o princípio de igualdade de oportunidades e mobilidade social pela escola e a

Negatividade e Vínculo: Mestiçagem como Ideologia

consolidação e aprofundamento das desigualdades sociais não seja visível. Esse encobrimento estará, dessa forma, legitimando uma ordem social estruturalmente incoerente que não se sustenta nas premissas igualitárias que o próprio sistema propõe.

Assim, entre os desafios que nos são colocados para reflexão, está sempre presente a preocupação com as novas funções atribuídas às instituições de ensino superior e particularmente à universidade. O mal-estar democrático no qual vivemos, para além da má distribuição de riquezas, deve-se à decadência e ao abandono das instituições públicas nas quais a desigualdade social e civil é, muitas vezes, mascarada por uma legislação que facilita o livre acesso às suas dependências, como se essa igualdade social e civil não pressupusesse pelo menos uma grosseira aproximação do que seja igualdade econômica.

A nova e contínua demanda pela formação superior e as mudanças na relação entre formação e exercício profissional estabelecem um outro lugar ao conhecimento supostamente entrelaçado ao cumprimento de uma tarefa político-institucional.

No Brasil há uma equivocada identificação entre Universidade e Ensino Superior. Este equívoco é mantido ora por quem (...)

busca a autonomia universitária por razões empresariais, ora defendida como princípio por quem só reconhece como ensino superior aquele que se pratica em universidades plenas e dificulta entre nós a compreensão da dimensão da questão da universidade pública e de sua destruição (Menezes, 1996:10).

Devemos lembrar que por mais importante que seja a formação profissional superior, a Universidade foi criada para cumprir múltiplas funções dentre as quais o ensino superior, embora esta não seja sua finalidade exclusiva nem a principal. Elas foram criadas para transcender essa dimensão. São muito mais do que centros de formação superior ou de treinamento técnico. "Além da educação superior se promove cultura, se faz ciência e se desenvolve tecnologia" (Menezes, 1996:9). Em qualquer análise sobre a situação do ensino superior

Sobre a universidade

No que diz respeito à universidade a situação, historicamente, tem sido complexa. A sociologia das universidades tem discutido suas funções e tem mostrado a existência de colisões. A função de investigação colide freqüentemente com a função de ensino. Neste domínio de ensino, os objetivos da educação geral e da preparação cultural colidem, no interior da mesma instituição, com os da formação profissional ou da educação especializada.

São-lhe feitas exigências cada vez maiores por parte da sociedade ao mesmo tempo em que se tornam cada vez mais restritas as políticas de financiamento de suas atividades por parte do Estado. Duplamente desafiada, pela sociedade e pelo Estado, a Universidade, de um lado, não parece preparada para enfrentar tais desafios, tanto mais que estes apontam para transformações profundas e não simples reformas parcelares. Tal despreparo, mais do que conjuntural, parece ser estrutural, na medida em que a perenidade da Instituição Universitária, sobretudo no mundo ocidental, está associada à sua rigidez funcional e organizacional, à sua relativa impermeabilidade às pressões externas, enfim àquilo que tem sido muitas vezes proclamado como a sua aversão à mudança (Souza Santos, 1995:187).

Essa aversão, contudo, procura resguardar a capacidade de discriminação em relação à preservação daquilo que é necessário para o cumprimento de suas funções políticas e sociais. O objetivo das reformas e das reestruturações curriculares tem sido freqüentemente o de manter tais condições sob controle, pela gestão cuja natureza é a de não intervir ao nível das causas profundas das contradições.

merece atenção a sua evolução até a estrutura atual destacando "os processos de privatização, de modernização institucional e de gestão das Universidades" (Cunha, 1998:1).

Negatividade e Vínculo: Mestiçagem como Ideologia

A educação está em crise e a Universidade a segue. E esta crise expressa o conjunto das contradições que ela enfrenta: a luta entre uma produção de conhecimentos exemplares, da qual ela se ocupa desde a Idade Média, e a produção de conhecimento úteis para a formação de força de trabalho qualificada exigida pelo desenvolvimento industrial. Ela também convive com a contradição entre as exigências sociopolíticas de democratização e de igualdade de oportunidades e a hierarquização dos saberes especializados, garantida pela restrição de acesso e credencialização de competências; convive com a luta entre a reinvindicação de autonomia quanto à definição de valores e a submissão crescente a critérios de eficácia e de produtividade, herança do poderio empresarial. Qual seu novo lugar? São contradições superáveis?

O momento atual no Brasil convoca-nos a averiguar as múltiplas determinações que estão presentes nessas novas exigências dirigidas à universidade e a identificar as brechas possíveis para a superação desses impasses. As principais linhas de questionamento quanto ao seu papel nos novos tempos dizem respeito às crises de legitimidade, de hegemonia e institucional e se referem, em primeiro lugar, à sua função social: no momento em que uma cultura relativamente homogênea assumiu, no ocidente moderno, o papel da religião e revelou-se como novo cimento social a universidade teve um grande momento. Esse sentido social foi ainda mais acentuado quando lhe coube participar do esforço de construção do estado-nação (mesmo que no interior desse estado, estivesse voltado para o fortalecimento de uma classe social em detrimento das demais). Na contemporaneidade que tende para a mundialização a universidade é secundária, na medida em que a cultura está despida desse seu papel anterior de portadora de uma idéia de nação e de fonte geradora de sentido para a vida e para o mundo (...)

"mostrando-se sobretudo como instrumento de lazer descompromissado e como simples mercadoria entre tantas outras; não detém mais o monopólio da produção do conhecimento e, nem sequer, da informação, e como a cultura não é mais passível de definição precisa, porque tudo é cultura, ela perdeu ao mesmo tempo parcela significativa de seu sentido social e educativo e só lhe cabe resignar-se à forma menor de uma escola, voltada para a preparação imediatista de mão de obra a ser burilada fora dela, mais tarde, pela empresa, quer dizer, pelo mercado" (Coelho, 1998:15).

Cenário nacional e organismos internacionais

Tais questionamentos que vêm sendo veiculados em diferentes espaços de debate no Brasil e no exterior têm sido objeto de exame detalhado pelos grandes organismos internacionais. Estão nas discussões realizadas nos Estados Unidos, através da OCDE – Organização de Cooperação e de Desenvolvimento Econômicos e, na Europa, através da ERT – Mesa Redonda Européia dos Industriais. Estes organismos procuram definir o novo perfil da Universidade do Século XXI voltado a privilegiar as demandas ou as necessidades de mercado.

Há dez anos já se publicava um documento intitulado "Educação e Competência" na Europa, em que se afirmava, de início, que (...)

"a educação e a formação são considerados investimentos estratégicos vitais para a vitória futura da empresa. E onde se deplora que o ensino e a formação sejam sempre considerados pelos governantes como um "affaire" interior onde a indústria não tem senão uma fraca influência sobre os programas de ensino" (Sélys, 1998:14).

A conclusão do documento sugere que a indústria e os estabelecimentos de ensino – notadamente graças à aprendizagem à distância – deveriam trabalhar em conjunto para o desenvolvimento de programas de ensino. O conjunto dessas novas estratégias, preparado pelos empresários, deverá desembocar em melhor adequação do ensino às exigências da indústria, numa preparação ao teletrabalho, numa redução dos custos de formação na empresa e, por fim, num processo de atomização dos estudantes e dos professores cujas eventuais turbulências são sempre duvidosas.

Em documento de 1991, afirma-se que uma universidade aberta é uma empresa industrial e o ensino superior à distância é uma indústria nova. Esta empresa deve vender seus produtos sob a modalidade do ensino continuado, que regem as leis de oferta e procura. Assim, o alcance destes objetivos exige que a estrutura de educação seja concebida em função das necessidades dos clientes. Uma concorrência se instaurará entre as "prestadoras de serviços de aprendizagem" à distância o que pode, segundo tais avaliações, desembocar em melhora da qualidade dos serviços (Sélys, 1998:14). Destacam-se claramente os fins dos industriais: criar, à margem de serviço de ensino público reduzido a oferecer uma educação de base, um vasto sistema privado e comercial.

No limitado cenário nacional, a aderência a esse modelo é evidente.

Analisemos alguns pontos do capítulo "Da Educação Superior", presentes na nova Lei de Diretrizes e Bases – LDB de 1996. Esse capítulo foi alvo de intensos e polêmicos debates no processo de sua elaboração. Assim, às concepções defendidas pelos professores e encontradas nos projetos originados na Câmara Federal se apunham àquelas defendidas pela Confederação Nacional dos Estabelecimentos de Ensino e manifestas no projeto Darcy Ribeiro. As primeiras explicitam os objetivos da educação superior, sua abrangência, a duração de ano letivo, a oferta desse nível de ensino no período noturno, a autorização de funcionamento de instituições de ensino, segundo o Plano Nacional de Educação, a avaliação externa e, a cada cinco anos, o credenciamento de Universidades, entre outros pontos. A nova LDB, embora mantendo parte desses pontos, alterou substancialmente outros, referentes principalmente a objetivos e finalidades, abrangência e programas, condição para autorização, credenciamento, processos de avaliação etc. (Muranaka & Minto, 1998:66).

Maria Inês Assumpção Fernandes

Assim, ao determinar as finalidades, o artigo 43 não reafirma o princípio da indissociabilidade entre as atividades de ensino, pesquisa e extensão de serviços à comunidade. Tal tríade, a ser explicitada no artigo 52, embora garantida às universidades, não é mais extensiva à formação em curso superior. Este ponto permite supor a distinção de qualidade entre cursos, instalando e impondo à educação a lógica de mercado, ou seja, diante de um pressuposto aumento de pressão social por esse nível, planeja-se uma oferta diversificada, através de instituições que oferecem ensino de qualidade diferenciada, podendo redundar em cursos de 1ª, 2ª e 3ª categorias, de acordo com a possibilidade financeira do consumidor. Cumpre-se, assim, o duplo objetivo de atender à demanda e baratear os custos.

Tal proposta se articula num documento do Banco Mundial em que são definidas quatro orientações-chave para a reforma do ensino superior, entre elas o desenvolvimento de instituições não universitárias cujos "custos mais baixos são atrativos para os estudantes e mais fáceis de serem estabelecidos por provedores privados" (Banco Mundial, 1995:5, citado por Muranaka & Minto, 1998:67). Assim, além da ênfase privativista, percebe-se a inclinação para dar respostas de acordo com o mercado de trabalho.

Os efeitos dessas determinações, no longo prazo, poderão se refletir mesmo entre as instituições de ensino superior consolidadas como universidades, à medida que poderão se desmembrar em núcleos de excelência partindo o conhecimento em especializações por campo de saber. A perseguição de um ideal especializante e profissionalizante é próprio da Universidade deste período pós-moderno.

Fatos da nossa história

"Muito do que se discute atualmente acerca da universidade poderia ser mais bem focalizado se considerássemos determinadas continuidades, por vezes deliberadamente ocultadas sob a capa das novidades ilusórias e das emergências do presente. Desde que o Relatório Atcon diagnosticou o estrangulamento no canal de acesso à Universidade, a preocupação dos gover-

Negatividade e Vínculo: Mestiçagem como Ideologia

nos que se sucederam durante a ditadura militar foi a ampliação de vagas sem que isto representasse um investimento significativo. A partir daí é que se firmou a argumentação de que o ensino privado superior cumpriria uma função complementar, tendo em vista a impossibilidade de o poder público arcar completamente com este ônus" (Silva, 2000:1).

A mentalidade organizacional começa a encontrar canais para se colocar no âmbito do sistema universitário e a ganhar o mesmo espaço já alcançado nos âmbitos do ensino de primeiro e segundo graus. A idéia era trazer a eficiência empresarial, já comprovada no ensino básico, para o ensino universitário e marcar, também neste nível, superioridade organizacional da empresa particular em relação à instituição pública. Lembremos que originalmente, o surgimento da Universidade "não decorreu da existência de instituições de ensino fundamental ou básico, mas constituiu sim, ao contrário, uma pré-condição para o surgimento das demais escolas" (Menezes, 1996:9).

A proliferação de escolas privadas de ensino superior (o CFE deferiu 759 solicitações entre 1968 e 1972) permitiu o acesso de vastas camadas da classe média ao ensino universitário, atendendo assim a uma expectativa que se vinha tornando cada vez maior. Em segundo lugar, o caráter próprio destas organizações empresariais supunha naturalmente um perfil de curso superior significativamente distinto do que ocorria nas instituições públicas. Os parâmetros de eficiência e lucratividade excluíam qualquer ideário pedagógico mais consistente, o que foi substituído pelo senso de oportunidade comercial na organização e venda de serviços segundo o critério da demanda.

"Este tipo de atitude compunha-se muito bem com o regime autoritário, que entendia a Universidade como formadora de "recursos humanos" de acordo com a ideologia do desenvolvimento e segurança nacional. Desta forma a ditadura encontrou na expansão do ensino privado tanto um meio de se desonerar da

Maria Inês Assumpção Fernandes

responsabilidade educativa quanto um instrumento ideológico eficaz para a adaptação do alunado às regras de comportamento político (ou apolítico) vigentes" (Silva, 2000:1).

Devemos estar atentos aos parâmetros de lucratividade, eficiência e suas decorrências quanto à qualidade de ensino. Do ponto de vista empresarial a manutenção da clientela é fundamental e nessa medida é fator decisivo para a definição de exigências acadêmicas. Tal situação

"redundava num aumento visível do número de graduados em nível superior e isto também vinha ao encontro das expectativas do governo, na medida em que se constituía como uma maneira de alimentar com ilusões e falsas esperanças os anseios de ascensão da classe média" (Silva, 2000:1).

A universidade assim encaminhada, sem sua função transcendente torna-se uma *multiversidade*, composta de partes que perseguem fins isolados. À procura de sua dimensão plural fingidamente aliada à perseguição do respeito à demanda diversa, deparamo-nos com sua fragmentação. Desprovida de uma função simbólica relevante e impossibilitada economicamente de assumir um papel de ponta na pesquisa científica, ela se esfacela (Coelho, 1998).

A formulação de políticas está diretamente ligada à estrutura e natureza do Estado, e envolve em grande parte a representação de interesses que são por elas implementados ou bloqueados. As questões referentes a como os interesses são representados, de quem são esses interesses e qual a justificativa para representá-los expressam grande parte da reflexão sobre política.

"O fato é que a noção de 'interesse' ocupa um lugar central na teoria social moderna, na época da expansão e consolidação da sociedade burguesa. A noção aparece claramente vinculada a uma concepção individualista, 'materialista', da sociedade: 'in-

Negatividade e Vínculo: Mestiçagem como Ideologia

teresse' é freqüentemente sinônimo de benefício material, algo que pode ser medido pela razão calculadora. É curioso observar que, em várias línguas latinas... a palavra interesse é sinônimo de juro ou de lucro, com o que fica marcada a vinculação do interesse com o ganho material imediato E, mais do que isso, observa-se no pensamento moderno uma valorização do interesse (entendido como sinônimo de racionalidade) em relação à paixão" (Coutinho, 1989:48).

De outro lado, as teorias sobre a construção do pensamento liberal mostram o Estado existindo com a finalidade de garantir interesses externos à sua alçada e que se expressam pela seguinte lógica:

(...) o Estado em si não representa interesses concretos; ele assegura que os interesses se explicitem em sua esfera própria, que é a esfera privada. Não é por acaso, portanto, que o pensamento liberal se centra no postulado da limitação do poder, em contraste com o pensamento democrático, que tem como eixo central a distribuição (ou socialização) do poder. A preocupação do liberalismo é limitar o poder; daí a exigência do Estado mínimo, do Estado que só intervém quando estritamente necessário (Coutinho, 1989:48)

Como acima afirmamos, "A solução não é suficiente para debelar o problema" (Paulo Leminski). A proposta de um novo caminho deve se voltar para a construção de uma ordem social mais justa e procurar delinear novas estratégias para a inserção social dos indivíduos. No entanto, a resposta que temos ouvido em relação à produção dessa cultura crítica é aquela "que nos apresenta uma nação em plena fase de melhoramento técnico e de progresso social, onde há lugar para todos desde que trabalhem e cumpram assiduamente seus deveres na ocupação a que se destinam" (Bosi, 1992:19). A mensagem é clara: uma exigência de produtividade na qual o trabalho, como um direito do cidadão, é colocado como mediador de identidades.

A discussão sobre as transformações do sistema educativo tem estabelecido um diálogo com a Sociedade a partir de um discurso apoiado na competência tecnológica, na urgência de renovação diante da imobilidade das instituições e no enxugamento da formação visando uma rápida aprendizagem para uma imediata aplicação na esfera do trabalho. Toda argumentação contrária tem recebido franca oposição, assentada na atribuição de retrocesso e falta de visão de futuro.

Proposta atual de transformação do ensino superior

A transformação do Ensino Superior proposta pelo atual governo através dessa nova legislação apóia-se em princípios educacionais que se traduzem por um modelo sustentado por dois pontos: *Diretrizes Curriculares e Avaliação*. De posse de um discurso que defende o livre acesso às instituições de ensino superior, a atenção à comunidade e a oferta diversificada de cursos para atingir diferentes demandas, esse modelo revela interesses voltados para a criação de ofertas de aprendizagens, como se esta não tivesse como pressuposto um modelo educacional. Encobertos os significados ficamos à mercê da retórica, do uso esvaziado das palavras.

Expressa, através desses pontos, um modelo assentado em princípios regulados por uma lógica (de mercado/ de capital) onde à flexibilidade e autonomia conferidas às instituições corresponde uma avaliação estabelecida sobre padrões definidos e fixados previamente. À abertura que o conceito de flexibilidade parece oferecer corresponde um fechamento ou controle pela avaliação. O modelo atual supõe uma adaptação dos currículos às necessidades sociais das diferentes regiões do país. A flexibilidade deveria atender a essa exigência. Deparamo-nos, no entanto, com um certo deslizamento semântico pelo qual demanda social se identifica à demanda empresarial. Conceitos mal definidos como habilidade e competência começam a fazer parte do vocabulário acadêmico propondo, na verdade, uma profunda alteração da relação Educação/Trabalho supostamente a serviço de um ajuste necessário ao mundo globalizado. Em realidade, há uma verdadeira importação de conceitos e uma tradução de noções segundo significações estranhas à sua extração original. Assim sustentado, o modelo atende aos princípios que ancoram a política de ensino superior, voltada para a representação de interesses traduzidos pelo enxugamento do Estado, pela expansão ou acesso facilitado etc.

Todo o debate pela "ampliação das oportunidades educacionais e outros valores democráticos, da década de setenta, foram substituídos pelas idéias da nova direita, que traz para a educação os valores e as exigências do mercado" (Dias Sobrinho, 1996:145): o estabelecimento das instituições privadas, a competição, a produtividade, a excelência, os interesses do consumidor, enfim, "a cultura da empresa".

Estas mudanças manifestam a presença de duas lógicas institucionais. Desvaloriza-se a lógica universitária naquilo que ela não coincide com a lógica empresarial. O problema então diz respeito à definição do produto da Universidade e do processo de produção, se quisermos usar uma metáfora economicista. O perigo do quantitativismo (o que se produz, em quanto tempo e quanto custa) nos conduz a confundir uma organização de trabalho intensiva como é a Universidade a uma organização de capital-intensiva como tendem a ser as empresas (Santos, 1995:218). A presença da lógica empresarial pode ser sentida também na criação das fundações nas Universidades.

"Como verdadeiras organizações paralelas, essas fundações de direito privado passaram a usar os recursos humanos, instalações, os laboratórios e os campos de cultivo para vender serviços e produtos no mercado, como se fossem empresas privadas" (Cunha,1998:12).

Essas fundações mantêm o controle de departamentos, instalações e não contribuem para a formação. Funcionam com um *modus operandi* das empresas defendido por aqueles que desejam a privatização das instituições públicas.

O cenário atual evidencia, portanto, mudanças radicais. Estas se manifestam, da preocupação com o ensino à distância à redefinição do sentido de Universidade; dos problemas ligados à privatização *versus* globalização, à preocupação com a determinação dos currículos voltados para as necessidades de formação de mão de obra a ser utilizada pelo mercado. Os estabelecimentos de ensino são convocados a se converter em empresas. Os estudantes tornam-se clientes.

Observa-se, no cenário contemporâneo, uma preocupação com os processos avaliativos referentes à formação em nível superior. Neste contexto a avaliação tem sido utilizada como referência para classificar as instituições, como indicador para a concessão de benefícios e como parâmetro para a manutenção do funcionamento das instituições de ensino superior. Assim, a implantação de políticas públicas para o ensino superior supõe, como estratégia fundamental, a instalação de um sistema de avaliação.

Avaliação é necessária e faz parte do processo formativo. Ela se produz e se efetiva num espaço social de valores. Não é neutra.

"Por ser valorativa, todos os questionamentos que ela suscita não dizem respeito a aspectos técnicos embora assim o pareça, mas se referem a concepções sobre sociedade e educação superior. Como decorrência, não há uma concepção única de avaliação institucional porque são muitas e contraditórias as concepções sobre educação, sociedade e universidade... Os principais equívocos do sistema de avaliação são principalmente de ordem política e pedagógica e, sendo pedagógica é também por isso mesmo, política e ética" (Dias Sobrinho, 1996:185)

Qualquer reflexão sobre avaliação, no entanto, supõe uma distinção inicial entre o que é medir e o que é avaliar. Medir é uma parte de um processo muito mais amplo. Um procedimento isolado não é um programa formativo e, portanto, o Exame Nacional de Cursos, um dos procedimentos do Sistema de Avaliação do Ensino Superior, não o é também. Ele se sustenta em algumas suposições assentadas

Negatividade e Vínculo: Mestiçagem como Ideologia

numa proposta mecanicista de ensino. Simplifica os currículos quando os retira da complexidade da prática de ensino/aprendizado na relação professor-aluno. Estes passam a ser definidos por conteúdos pretensamente neutros. O que importa é o resultado. Não há avaliação do conhecimento. Reduz-se a formação à aquisição de elementos simples, próprios a serem medidos. Do ponto de vista técnico; estabelece uma relação causal entre o bom desempenho numa prova e o futuro desempenho profissional. O que pode haver, unicamente, é a relação estatística. No que se refere à cidadania ativa e crítica, a tecnificação da formação abafa a consciência de nacionalidade e contribui para a desintegração da sociedade.

O que se pretende? O que se mede então? Produtos da aprendizagem. Quais? Aqueles escolhidos como padrão de qualidade. Atrelado a um pensamento tecnológico, o discurso sobre avaliação, embora procure se sustentar a partir de argumentos apoiados na melhoria do ensino, que se revelaria como melhoria nos *futuros serviços*, adere a uma alta rigidez, oposta à flexibilização anunciada: os fins são fixados (o que é bom e o que é mau); procura-se desenvolver um aprimoramento dos meios para atingi-los.

Numa sociedade com valores estreitamente expressos pela modernização como diretamente decorrente de progresso técnico, cabe à Avaliação medir o desempenho/êxito ou fracasso nos resultados obtidos. Há flexibilização dos meios, mas com posterior controle ou uma nova regulação dos resultados por parte do Estado, com todos os riscos de burocratização que isso acarreta (Dias Sobrinho, 1996).

Supõe-se então que a Educação deva ser definida por políticas apoiadas num aparato técnico supostamente neutro e acima da política, e que expresse sua fidedignidade na operação de instrumentos, único critério para sua credibilidade. Prescinde de um programa com princípios, objetivos e ações que, de forma articulada e combinando distintos procedimentos, pudesse vir a contribuir para a melhoria da qualidade do ensino e a transformação da Educação no país. O modelo proposto sugere uma neutralidade que elimina o agente da avaliação. Dessa forma, "O avaliador já não será o docente. O professor perde a imagem integrada de sua profissão para converter-se em um operário a mais na linha de produção educativa" (Dias Sobrinho, 1996:163).

Neutraliza-se o sujeito da ação. Assim a avaliação é um instrumento a serviço do reforçamento de valores, atrelados a políticas encadeadas por grandes organismos internacionais, cujas propostas para a Educação têm, portanto, na avaliação uma estratégia privilegiada para a sua implantação.

Perguntemo-nos: Qual avaliação? Que Universidade? Para quem? Para qual sociedade? Para quê? Que tipo de profissional e para qual mundo?

Os grandes problemas estão no campo dos valores políticos e filosóficos. Não dizem respeito a questões formais sobre organização e gerenciamento das instituições educativas.

Assim colocado, reconhecemos no sistema atual a contradição sobre a qual nos referimos anteriormente, entre o princípio de igualdade de oportunidades e de mobilidade social através da escola e a continuação, a consolidação e até o aprofundamento das desigualdades sociais.

Neste cenário e considerando a implementação das novas diretrizes curriculares para os cursos, estabelece-se um ambiente propício para que, extrapolando a esfera governamental de avaliação, se defina ou venha a se construir um outro caminho, numa perspectiva que seja processual, contínua e que tenha como meta principal a melhoria da qualidade da formação. Para que este objetivo seja alcançado, torna-se indispensável o aperfeiçoamento e a construção de indicadores de avaliação que reflitam o processo de formação dos graduandos e que, ao mesmo tempo, subsidiem o aperfeiçoamento deste processo formativo. Cumpre desenvolver um modelo de avaliação que tenha o foco não apenas nos resultados aferidos a partir dos egressos dos cursos mas que considere, sobretudo, o processo de formação, que supõe apoio noutros princípios.

Temos clareza de que a discussão sobre construção de modelos requer a atenção sobre a dicotomia educação-trabalho. Trabalho e

Negatividade e Vínculo: Mestiçagem como Ideologia

mercado estão neste período pós-moderno intrinsecamente envolvidos. Neste cenário, a questão mais urgente nos remete à complexidade das relações estabelecidas entre os problemas políticos, éticos, culturais e psicológicos que estão na base da sustentação de programas em Educação e envolvem o eixo fundamental da formulação das políticas públicas nessa área. Com base nas conexões estabelecidas entre esses fatores, pode-se pensar nas questões específicas envolvidas na produção desse novo modelo.

Temos visto neste século que o trabalho assentou-se sobre a universalização das relações de troca e sobre a sua própria transformação em força de trabalho. Reconhecemos o abismo entre o que se descreve como valor de uso e valor de troca. O trabalho ocupa um lugar especial na *vida mental* dos indivíduos. Nossa atenção se volta para a compreensão deste tema no conjunto das reflexões deste trabalho, na medida em que uma análise sobre as transformações no âmbito do trabalho no mundo atual exibe, por um lado, as novas exigências que estão sendo feitas aos sujeitos em suas relações cotidianas e, como conseqüência, evidencia, por outro lado, os efeitos de subjetivação decorrentes.

Fazendo triunfar a razão instrumental o futuro trabalhador não pode se expressar a não ser sob duas "modalidades: enquanto indivíduo competitivo (...), ou enquanto pessoa manipulável e sujeita a trabalho forçado" (Enriquez, 1995:10). Essa estranha articulação traz como efeito, a emergência da quantificação/ matematização como regulador social e dessa forma a *economia* inicia seu reinado.

Esse ideário racional ocidental constitui-se na realidade como o efeito perverso do esforço pela matematização, como se dela pudesse advir um maior controle sobre o meio, com a conseqüente possibilidade de maior grau de certeza nas decisões a se tomar.

Ilusão de controle ou erro dos homens, esse esforço instala valores que privilegiam a racionalidade dos meios em relação aos fins pretendidos e que se traduzem pelo cálculo custo x benefício. Dessa forma, os valores democráticos são aqui rapidamente esfacelados.

Os efeitos dessa equação custo/benefício, portanto, podem ser aberrantes: ocultando-se a referência social e ética, um meio, técnica e economicamente válido, pode ser moral ou socialmente inaceitável (Enriquez, 1995:11).

Razão ensandecida e violenta a cultivar o *progresso econômico*, produz um imaginário social de competitividade, de luta individual para acesso aos bens produzidos, em que o indivíduo livre jamais põe em discussão a lógica do desenvolvimento capitalista.

"Nossa constelação ideológico-cultural de fim de século exige uma nova luta: o reconhecimento dos lugares em que as tecnologias dissimulam os senhores perversos aos quais elas servem. Em nome do progresso e do crescimento social, essas tecnologias referendam valores que se contradizem. Assim, aquilo que serve aos interesses é incorporado ao discurso e à prática. A "importação" entre os modelos não respeita fronteiras. Ela define os "raptos ideológicos" (Patto, 1987:92), que introduzem uma falsa história no lugar da verdadeira e instalam assim obstáculos ao conhecimento do campo teórico-prático e ao reconhecimento dos sujeitos nas suas relações cotidianas" (Fernandes, 1999:46).

Segundo Fernandes (1996:75) "A luta é contra essa cultura da violência que surrupia o quanto pode da sensibilidade e imaginação e nos deixa atrelados à coisa, à posse do benefício, à prevalência do imediato". Só assim, nesta luta, a universidade poderá garantir as mais preciosas funções que pode exercer enquanto diagnóstico social e discussão sobre a proposição de políticas públicas. Cabe a ela resistir à submissão a um regime de ajuste a políticas pré-fabricadas.

Devemos operar uma contínua vigilância sobre essas ações para assegurar a ampliação do político, a capacidade de discriminação entre as várias formas de poder e uma contínua reflexão centrada na promoção da criatividade da ação individual e coletiva.

Negatividade e Vínculo: Mestiçagem como Ideologia

Fragmentos do pensar sobre a cidade :
os sentidos do morar

> *"Busquei nitidez em meus pensamentos, a fim de que,*
> *claramente gerados pela consideração das coisas,*
> *transformem-se, como por si mesmos, em atos de minha*
> *arte. Não mais separo a idéia de um templo da de sua*
> *edificação... De tanto construir... creio ter-me construído*
> *a mim mesmo".*
> Valéry, P.

> *"Disse Deus aos povos quando lhes atribuía uma língua;*
> *aos egípcios, vocês falarão o egípcio; aos gregos, vocês*
> *falarão o grego; aos franceses vocês falarão o francês;*
> *aos alemães vocês falarão o alemão; Mas a um povo que*
> *habita o sul do Egito, próximo do Sudão, Deus lhes teria*
> *dito: falem o que quiserem"*
> Kaës, 1998:63.

Há duas espécies de estrangeiros: aqueles aos quais uma cultura, um código, uma ordem simbólica é reconhecida. Um princípio, uma origem comum, os mantém juntos nas suas diferenças. Estes não estão na confusão, na Babel. Os outros estão fora desta ordem. Na incoerência. No abandono. Quem são os outros na cidade ? Onde moram?

Desenvolve-se, segundo Foucault, quando reflete sobre as revoltas camponesas do século XVII, uma atividade de medo, de angústia diante da cidade (Foucault, 2001:87).

Foucault ressalta que a *fixação espacial*, como uma forma econômica e política, merece ser cuidadosamente estudada, desde as grandes estratégias da geopolítica até as pequenas táticas do habitat, da arquitetura institucional, passando pelas implantações econômico-políticas. De acordo com o autor,

> "no final do século XVIII, a arquitetura começa a se especializar ao se articular com os problemas da população, da saúde, do urbanismo. Outrora, a arte de construir respondia, sobretudo, à ne-

Maria Inês Assumpção Fernandes

cessidade de manifestar o poder, a divindade, a força. (...) A arquitetura durante muito tempo se desenvolveu em torno dessas exigências. No final do século XVIII, novos problemas aparecem: trata-se de utilizar a organização do espaço para alcançar objetivos econômico-políticos. (...). Até o século XVIII, continua sendo um espaço indiferenciado. Existem peças: nelas se dorme, come-se etc. Depois, pouco a pouco, o espaço se especifica e se torna funcional. Tem-se um exemplo disto na edificação das cidades operárias nos anos entre 1830 e 1870. A família operária será fixada, será prescrito para ela um tipo de moralidade, através da determinação de seu espaço de vida, com uma peça que serve como cozinha e sala de jantar, quarto dos pais (que é o lugar da procriação) e o quarto das crianças" (Foucault, 1979:213).

São intervenções sanitárias, sociais e espaciais.

"A uma ordem estipulada pelos gestores do Estado para as ruas-públicas devia corresponder outra, destinada às casas-privadas. A diferenciação entre *ruas e casas*, entre espaços 'públicos' e 'privados', devia ainda ser necessariamente acompanhada pela geografia da exclusão e da segregação social, que acabasse separando em bairros distintos os diversos segmentos da sociedade" (Marins, 1998:136).

A questão mostra-se, historicamente, densa e complexa.

O desafio a enfrentar na construção dos espaços coletivos e das políticas públicas é manter a memória do meio, da cidade e de quem nela vive, para garantir o movimento, continuidade e transformação necessários ao desenvolvimento dessa mesma cidade e das necessidades de seus moradores. São múltiplos os sentidos atribuídos à cidade porém, quero ressaltar nestes fragmentos do pensar sobre a cidade e o morar, o fato de que, "nos hieróglifos egípcios, *casa* ou *cidade* podem surgir como símbolos de *mãe*, como que a confirmar a semelhança da função formadora individual e coletiva" (Mumford,1998:19).

Negatividade e Vínculo: Mestiçagem como Ideologia

O fato urbano, segundo Certeau (1990:142) é transformado no conceito de cidade, quando se pode pensar numa vista perspectiva e numa vista prospectiva, constituindo uma dupla projeção, a de um passado opaco e a de um futuro incerto, numa superfície tratável. Desvela-se assim, conforme o autor, uma figura da História e se supõe que esse fato é tratável como unidade relevante de uma racionalidade urbanística. A cidade assim instaurada é definida por uma tripla operação:

"1. a produção de um *espaço próprio*: a organização racional deve pois expulsar todas as poluições físicas, mentais ou políticas que a comprometem; 2. a substituição de um *não tempo*, ou de um sistema sincrônico, às resistências não apreensíveis e encabeçadas pelas tradições: as tragédias científicas unívocas, tornadas possíveis pela colocação num plano horizontal de todos os dados, devem substituir as táticas dos usuários de direito que manobram com as 'ocasiões' e que, por estes acontecimentos-cilada, lapso da visibilidade, reintroduzem em todos os *lugares* as opacidades da história; 3. enfim a criação de um sujeito universal e anônimo que é a própria cidade: conforme seu modelo político, o Estado de Hobbes, é possível de lhe atribuir, pouco a pouco todas as funções e predicados até aí disseminados e afetados a múltiplos sujeitos reais, grupos, associações, indivíduos. A cidade, como um nome próprio, oferece assim a capacidade de conceber e construir o espaço a partir de um número finito de propriedades estáveis, isoláveis e articuladas uma sobre a outra" (Certeau,1990:143).

Silvie Ostrowestsky (Ostrowestsky, 1999:15) mostra: neste lugar que organiza operações especulativas e classificatórias, uma gestão da cidade combina-se a uma eliminação (Certeau, 1990:144). Assim, de um lado há uma diferenciação e distribuição das partes e funções da cidade, de outro lado há a recusa daquilo que não é tratável e que constituem as perdas, os resíduos, os desvios, os dejetos.

A *ascensão* das cidades permitiu que muitas de suas funções que haviam sido dispersas e desorganizadas, viessem a se juntar numa área limitada, e os

"(...) componentes da comunidade foram mantidos num estado de tensão e interação dinâmica. Nessa união, que a reclusão rigorosa dentro das muralhas da cidade tornou quase compulsória, as partes já bem estabelecidas da *protocidade* – santuário, fonte, aldeia, mercado, fortificação – participaram no alargamento e concentração geral dos números e sofreram uma diferenciação estrutural que lhes deu formas reconhecíveis em todas as fases subseqüentes da cultura urbana. A cidade se revelou não simplesmente um meio de expressar em termos concretos a ampliação do poder sagrado e secular mas, de um modo que passou muito além de qualquer invenção consciente ampliou também todas as dimensões da vida. Começando a ser uma representação do cosmo, um meio de trazer o céu à terra, a cidade passou a ser um símbolo do possível" (Mumford, 1998:39)

Há uma progressiva *simbiose* na ação de planificar a cidade, que se expressa ao mesmo tempo por pensar a pluralidade do real e dar efetividade ao pensamento do plural. Dar-se conta da pluralidade e articulá-la numa ação voltada ao coletivo é desafiador. Seria razoável pensar que as cidades se deteriorem ao mesmo tempo em que se deterioram os procedimentos que as organizaram?

Antes de falarmos das catástrofes e dos progressos, devemos analisar as práticas singulares e plurais, que um sistema urbanístico poderia gerar ou suprimir e que sobreviveriam a seu desaparecimento ou à sua atrofia. A arquitetura de uma cidade deve ser uma permanente indagação. (Certeau, 1990)

Num projeto urbanístico,

"não é que a forma siga rigorosamente a função como, aliás, Sullivan não diz em sua famosa frase, início de grande contro-

Negatividade e Vínculo: Mestiçagem como Ideologia

vérsia. Já no século XV, Alberti escapava à ingenuidade de afirmar a forma como conseqüência da função. Os mestres não se enganavam. A forma não segue a função mas a relação entre elas é um dos mais fortes fatores da arquitetura."

"Porém a arquitetura se ergue sobre dois princípios: ela se relaciona com um conjunto de necessidades a atender e cria e comunica uma ordem superior inteligível e significados que vão além do atendimento das necessidades albertianas."

"Se a obra a projetar é imprevisível e admite inúmeras configurações possíveis para uma mesma destinação prática, ela evolve de um **programa social** que deve ser claro, para poder exercer seu papel de núcleo articulador, inspirador e legitimador da forma" (Guedes, 1990:49).

Guedes nos revela essa dimensão social, citando Alvar A. Alto:

"O homem é o centro de minha arquitetura" (Guedes,1990:50). "A arquitetura do futuro é impossível porque os acontecimentos cotidianos que tecem a vida, são incompreensíveis. O passado é distante e difícil de ser contemplado pelo pensamento e o futuro é um ventre inextricável" (Guedes, 2002:1).

Se é o Homem, centro, é cabível pensar a passagem de uma visão totalizante da cidade à vida concreta das pessoas onde

"mesmo escondendo-se se descobre; tudo o que nela vibra e dela faz parte, mesmo quando recusado pelos olhares dos bem nascidos; tudo o que nela deixa marca: o suor e o trabalho, o desespero e a lágrima, a tragédia e o sangue. Mesmo que ninguém saiba ou queira saber: uma negra velha e um contador de histórias, uma nordestina e uma escritora, em algum lugar se encontram na cidade" (Mello, 1999:9).

Maria Inês Assumpção Fernandes

As fases principais da história da arquitetura e da cidade podem ser compreendidas como dependentes das mudanças nos sistemas de produção e corresponderiam a alterações no desenvolvimento demográfico: a passagem da coleta para o cultivo dos alimentos; a formação de grupos dirigentes que possibilita o surgimento da cidade e da civilização urbana; a ampliação desta classe dirigente e da escrita alfabética; a revolução comercial; a revolução industrial (Benevolo, 2001:30). Atualmente a revolução no sistema de informação altera substancialmente as condições de transformação das cidades pela via política da globalização. A aldeia global de Marshall McLuhan já antevia a determinação dos meios de comunicação na construção de territórios, na divulgação de valores ideológicos e na diferenciação entre *espaços e tempos* mantidos na migração de objetos e signos.

"O espaço não é uma base fixa onde se constroem as cidades e seus edifícios, mas algo mutável, definindo e sendo definido pelos objetos, ações e sua organização e dinâmica. Siegfried Giedio (1978) desenvolveu uma extensa análise das cidades e seus projetos do Renascimento ao Modernismo, demonstrando como a própria *concepção de espaço* se transformou em relação às características culturais de cada época" (Duarte, 2002:143).

Para pensarmos a cidade alguns eixos organizadores do *sentido do espaço* poderiam nos auxiliar: *espaço interior versus espaço exterior* demarcando um espaço arquitetural; *espaço privado versus espaço comum* ou *espaço individual* versus *espaço social,* determinados conforme a cultura e a época; *espaço construído versus espaço não construído,* discutido a partir do conceito de ocupação; *espaço artificial* versus *espaço natural,* uma decorrência do eixo anterior; *espaço amplo* versus *espaço restrito*; *espaço vertical* versus *espaço horizontal*; *espaço geométrico* versus *espaço não geométrico.* (Coelho, 2002). Os sentidos do morar e a cidade é, contudo, nosso foco.

Negatividade e Vínculo: Mestiçagem como Ideologia

Michel de Certeau, em 1980, escreveu sobre a cidade de Nova York e sobre o World Trade Center.

"Após o centésimo andar pode-se ver Manhattan. Sob a bruma abraçada pelos ventos, a ilha urbana, mar no meio do mar... A agitação é imobilizada, por um momento, pela visão. A massa gigantesca se imobiliza sob os olhos. Ela se transforma numa textura onde coincidem os extremos da ambição e da degradação, as oposições brutais de etnias e de estilos, os contrastes entre os prédios criados ontem, mudados já na lixeira, e as irrupções urbanas do dia que obstruem o espaço... Seu presente se inventa, de hora em hora, no ato de atirar para fora o adquirido e desafiar o futuro. Cidade feita de lugares paroxísticos em relevos monumentais" (Certeau, 1990:139).

Estar no *topo da cidade*, no WTC, é não mais vê-lo enlaçado pelas ruas que o faz ir e vir segundo uma lei anônima; lá de cima retiramo-nos da massa que leva e envolve em si mesma, toda identidade de autores ou de espectadores.

"Ícaro, através de suas asas, pode ignorar os artifícios e as manobras de Dédalus nos seus labirintos móveis e sem fim. A grande altura o transfigura num grande voyeur. Ela o coloca à distância e transforma em um *texto único* o mundo que tem diante de si, sob os olhos. Ela permite lê-lo, ser um olho solar, um olhar de Deus" (Certeau, 1990:140).

Certeau, de outra maneira tinha percebido que, ao decifrar as pinturas medievais, estas figuravam a *cidade* vista em perspectiva, por um olho que não tinha jamais existido. Inventavam por sua vez o sobrevôo da cidade e o panorama que a tornava possível. Essa ficção transformava o espectador medieval num olho celeste. Fazia os deuses. A torre de 420 metros que servia de proa, até 11 de setembro de 2001, a Manhattan, continuava a construir a *ficção* e criava seus leitores; transformava em "legível" a *complexidade da cidade* e fixava num texto transparente sua opaca mobilidade.

A cidade panorama é um simulacro teórico; um quadro que tem como condição de possibilidade o *esquecimento e o desconhecimento* das práticas. "Como o Deus de Schreber não conhece a não ser os cadáveres" (Certeau,1990).

Quando cessa essa visibilidade totalizante, vivem as pessoas da cidade. São os transeuntes, passantes, pedestres, cujos corpos obedecem aos planos e aos declives de um texto urbano que eles escrevem sem poder lê-los. Há também, aqui, um desconhecimento, o *desconhecimento da massa* ou, um conhecimento, em parte cego, como o corpo a corpo amoroso. Os caminhos que respondem a esse entrelaçamento, poesias dentro de cada corpo, são marcados por muitos outros e escapam à leitura. Os feixes de escrituras cruzadas compõem uma história múltipla, sem autor nem espectador. Escapam às totalizações imaginárias do olho. Caráter estrangeiro, desconhecido esse cotidiano que não tem superfície ou onde a superfície é uma borda que se recorta sobre o visível (Certeau, 1990:142).

Esse caráter *estranho e desconhecido* parte desse espaço obscuro, exige um outro olhar menos totalizante e mais perto do viver concreto, prático, cotidiano. Estas práticas reenviam a uma forma específica de operações, a uma outra espacialidade.

Uma cidade para além do espaço do território que a delimita, migrante, em trânsito, ou metafórica, que se insinua no texto claro da cidade planificada e legível.

A metade do século XIX marca o começo da maior migração dos povos na história. Seus detalhes exatos mal podem ser medidos, pois as estatísticas oficiais, tais como eram então, são falhas em capturar todos os movimentos de homens e mulheres dentro dos países ou entre estados: o êxodo rural em direção às cidades, a migração entre regiões e *de cidade para cidade*, o cruzamento de oceanos e a penetração em zonas de fronteira, todo este fluxo de homens e mulheres movendo-se em todas as direções torna difícil uma especificação. (Hobsbawm, 1982)

Negatividade e Vínculo: Mestiçagem como Ideologia

"Segundo Hobsbawm, falar *cidade* em meados do século XIX era dizer superpopulação e cortiço; quanto mais rápido a cidade crescia maiores eram os problemas relativos ao excesso populacional. Para os planejadores de cidades, os pobres eram uma ameaça pública e suas concentrações eram potencialmente capazes de se desenvolver em distúrbios, e por isso precisariam ser impedidas".

Os centros urbanos industriais conhecem um rápido processo de suburbanização; o desenvolvimento tecnológico e a instalação de meios de transporte mecânicos possibilitam a ocupação de áreas mais distantes dos centros urbanos e, conseqüentemente, a ruptura da sobreposição ou da proximidade espaciais entre local de moradia e local de trabalho (Souza, 1999, *apud* Scarcelli, 2002:45).

A separação de tais funções e, junto com esta, as propostas e intervenções urbanísticas colocam em curso a instalação de áreas específicas ou o zoneamento das principais atividades urbanas. Essa segmentação funcional pode instalar uma separação rígida de atividades no espaço da cidade e, possivelmente, um outro tipo de segregação relativa ao isolamento da moradia no espaço urbano.

A cidade industrial não é a cidade entre iguais, evidencia e repõe o problema do controle político. Estes novos métodos de controle revelam "plenamente os contrastes entre as classes, e acontece no nível político, que se sobrepõe e muitas vezes contrasta com o desenvolvimento material (Benevolo, 2001:37).

Se pensarmos nos ciclos de expansão da cidade até vir a se tornar um império, seria necessário

"estender a área imediata de produção de alimentos, ampliar as linhas de suprimento, buscar apoio pela cooperação, pela troca, pelo comércio ou pelos tributos forçados, pela expropriação e pelo extermínio, em outra comunidade. *Predação ou simbiose?* Conquista ou cooperação? (...) a mais preciosa invenção coletiva da civilização, *a cidade*, superada apenas pela *linguagem, na transmissão da cultura*, passou a ser desde o princípio, o recipiente de forças internas demolidoras, dirigidas no sentido da destruição e do extermínio incessante" (Mumford,1998:63)

Cada civilização...

"começa com um núcleo vivo, *a polis,* e termina num cemitério comum de cinzas e ossos, uma *Necrópolis*, ou cidade dos mortos: ruínas chamuscadas pelo fogo, edifícios aluídos, oficinas vazias, montões de lixo sem significação, a população massacrada ou conduzida à escravidão." (Mumford,1998:64).

São os resíduos, os dejetos não tratáveis sobre os quais há pouco nos referimos.

Em momentos históricos diversos, percebe-se no espaço construído e habitado, na organização dos objetos, a instalação de uma *lógica*. Lógica que está próxima à dinâmica da história. Para Milton Santos, uma nova geografia deveria estudar

"o conjunto indissociável de sistemas de objetos e sistemas de ação que formam o espaço (...). O espaço é formado por um conjunto indissociável, solidário e também contraditório, de sistemas de objetos e sistemas de ações, não considerados isoladamente, mas como o quadro único no qual a história se dá" (Santos, 2002:62).

A discussão esboçada exigiria, neste momento, uma tarefa impossível, a discriminação entre espaço, território e lugar, no que se refere à construção da cidade e à sua lógica. A *lógica possível* é aquela que permite uma conciliação com a ideologia vigente, como discute Milton Santos (Santos, 2002:30) em relação ao capitalismo. "A ideologia engendrada pelo capitalismo quando da sua implantação tinha que ser adequada às suas necessidades de expansão nos países centrais e na periferia". (Santos, 2002:63)

Negatividade e Vínculo: Mestiçagem como Ideologia

Mas o que se entende por ideologia?

Neste ponto a discussão torna-se mais complexa pois são várias as conceituações sobre ideologia e sobre as práticas ideológicas. Pode-se descrever ideologia como um sistema de valores políticos, religiosos etc., que procura explicar ou dar um sentido para a realidade. Ou, como um sistema de representações construído pelos homens a partir de suas condições de existência. Ou, ainda, que ideologia é um sistema de representações que produz uma argumentação sobre a realidade, para explicá-la, enquanto oculta outras possibilidades de argumentação que levariam a outras conclusões. O conhecimento científico, inserido nesta discussão, torna-se parte desse sistema e, dessa forma, um instrumento para uma atuação que não pode deixar de ser ideológica, representando interesses políticos e sociais, diversos. (Teixeira Coelho, 2002). Assim a *geografia das cidades* se não dispõe de métodos próprios, ela se torna, por si mesma uma ideologia. (Santos, 2002:106). Começa a ser antes um instrumento da planificação e não o seu guia. Justificam-se assim as necessidades e até as teses sobre desigualdades regionais, antes que estudos sejam realizados e que possam investigar os mecanismos subjacentes a elas. A *cobertura matemática* mantém a aparência de cientificidade. (Santos, 2002)

A pergunta que nos cabe neste momento é: qual a função psíquica cumprida ou realizada pelas ideologias?

"Após a Segunda Guerra Mundial, a produção de habitação no Brasil e sua relação com as *políticas públicas* sofreram grandes mudanças, principalmente a partir da ampliação do modelo de desenvolvimento industrial moderno para todo o país. (...) Os interesses da indústria da construção e do setor financeiro desempenharam papel fundamental na formação de uma *política habitacional*. A partir de então, ela vai sendo determinada pela produção de *dois padrões de habitação*: para rendas altas, as edificações habitacionais mais individualizadas e localizadas próximas às áreas centrais; para rendas mais baixas, com até 12 salários mínimos, a construção em massa de conjuntos de casas e blocos de apartamentos de padrão homogêneo e precário, edificados em série e formando grandes aglomerados localizados nas periferias urbanas" (Scarcelli, 2002:52).

Nos anos 80, a questão da democracia, da segregação urbana e os efeitos da legislação urbanística, do território, da questão habitacional (favelas, loteamentos clandestinos, cortiços, crise do BNH), apresentam-se como temas relevantes por diversos autores. A leitura sociopolítica é marcada pelo fenômeno da segregação espacial que se manifesta com a densificação das favelas nas áreas centrais do espaço urbano e com a pulverização da pobreza nos arredores das grandes cidades brasileiras.

"Na década de 1990, o debate se volta mais explicitamente para a temática de exclusão social urbana. A separação espacial da pobreza na cidade é pensada a partir do entendimento de sua inserção em amplo processo de exclusão social. A cidade, especialmente a cidade grande, é lugar dessas confrontações por ser também o lugar essencial do afrontamento de forças desencadeadas em momentos de transformação" (Scarcelli, 2002:53).

Otília Arantes (2002) ressalta que é preciso considerar, atualmente, mais um fator além da relação direta entre configuração espacial urbana e produção ou reprodução de capital. É importante registrar, nessa fase do capitalismo, que as cidades passaram elas mesmas a ser geridas e consumidas como mercadorias. Há, com isso, uma importante contradição entre valor de uso que o lugar representa para seus habitantes e valor de troca para aqueles interessados em extrair dele um benefício econômico qualquer, sobretudo, por meio de uma renda exclusiva. A forma da cidade aparece, portanto, intimamente relacionada com as diferentes configurações deste conflito.

No campo, cada vez mais vazio de gente e mais carregado de capital (...) os afrontamentos cedem lugar, em cada região, a formas mais homogêneas de vida e de ocupação da terra. Os conflitos que precedem essa nova homogeneidade são tão ou mais brutais quanto os urbanos, e conduzem mais rapidamente a uma ou outra forma de arranjo, seja ele buscado pelo jogo do mercado, imposto pela força ou intermediado pela administração.

As novas formas de produção rural criam, também, uma aceleração da transferência dos conflitos sociais do campo para as grandes cidades, mas também para as médias e pequenas, desde que o Brasil passou a conhecer a figura do trabalhador temporário no campo, mas vivendo nas cidades. Nas metrópoles, cada vez mais carregadas de gente e cada vez menos capazes de renovar o capital, o conflito é permanente e sem trégua, porque a metrópole pode abrigar, ao mesmo tempo, os mais diversos tipos de classe de capital, desde os muito grandes até os médios ou minúsculos, e os mais diversos tipos de trabalho, desde o mais especializado até o mais banal (Santos, em Scarcelli, 2002:64).

A criação de uma outra *ideologia* sobre a *anticidade* não transforma efetivamente as condições de vida das pessoas e não impede a produção do sofrimento oriundo da vida social.

A problemática dos direitos sociais está presente nas contínuas transformações da cidade. É nela que se constróem e se garantem a identidade do cidadão e de sua história pessoal e coletiva, pois nada há de pessoal que não conserve as marcas do que o antecedeu.

Na realidade há um código a ser decifrado, que se revela na pessoa, em sua interioridade e nas produções culturais, marcadas pelo tempo, reconhecidas numa sociedade. O desafio é "a criação de uma consciência dos espaços concebidos segundo problemas concretos da vida. Como diria A. Aalto, sem fórmulas pré-determinadas de composição e sem propor teorias de como a sociedade deveria viver" (Scarcelli, 2002:149).

O *espaço habitado* carrega a essência do aconchego que permite abrigar a imaginação, o pensamento, o sonho. "Ao devaneio pertencem valores que marcam o homem em sua profundidade. O devaneio tem mesmo um privilégio de autovalorização. Ele usufrui diretamente de seu ser. Então, os *lugares* onde se *viveu o devaneio* reconstituem-se por si mesmos num novo devaneio. É exatamente porque as lembranças das antigas moradas são revividas como devaneios que as moradas do passado são imperecíveis para nós" (Bachelard, 2000:26).

Diferentemente de Roma, diz Certeau, Nova York jamais aprendeu a arte de envelhecer, encarnada (e tendo prazer) nos seus passados, na sua memória. Talvez não tenha aprendido a sonhar e carregue o germe da cidade destruída.

A experiência na antiga Paris mostra como pode se pensar a metáfora da *cidade destruída*. O prefeito de Paris nomeado por Napoleão III tinha como principal objetivo transformar a cidade no modelo de metrópole industrial moderna.

Os grandes centros urbanos do hemisfério norte, que serviam de referência para as elites brasileiras, foram, durante o século XIX, alvos de vastos programas de reformas urbanas seguindo, cada um à sua maneira, o modelo parisiense de cirurgia material, social e urbana implementado por Haussmann, entre 1853 e 1870. Tal modelo rasgou Paris em grandes bulevares, rompendo com as antigas tradições de convívio social e de propriedade fundiária, gerindo, assim, a localização e funcionalidade de espaços públicos e, sobretudo, a privacidade das casas, que passaram a receber um enorme número de discursos e práticas normativas. Em diversas cidades, principalmente na Europa, as novas disciplinas alcançaram em cheio os limites dos espaços domésticos e públicos, trespassados, então, pelos procedimentos de especialização espacial e segregação social (Weyler, 2003).

O plano de Haussmann tinha como uma das estratégias principais a neutralização do proletariado revolucionário de Paris, a destruição da estrutura material urbana que servia aos motins populares de rua (Benchimol, *apud* Baptista, 1999:111).

Negatividade e Vínculo: Mestiçagem como Ideologia

No Brasil,

"as grandes cidades vão surgindo no horizonte como possibilidade de vida a partir do advento da República. As transformações demográficas e sociais ocorriam com a chegada de novos habitantes vindos das senzalas, dos casebres do interior do país e dos imigrantes, que se somavam aos antigos escravos, forros e brancos pobres: movimentavam-se alvoroçados pelas ruas da cidade à procura de emprego e teto barato para abrigo num deslocamento que fundia vivências, experiências e tensões. A ocupação progressiva das ruas e casas e a chegada cada vez maior de habitantes faziam emergir palavras de ordem das elites contra o 'tumulto' e a 'desordem', denominações dadas a 'aparente' confusão dos espaços urbanos" (Scarcelli, 2002:47).

A miscigenação proibida, revelada na proximidade dos espaços

Na afirmação de Bourdieu, "não se pode romper com as falsas evidências e com os erros inscritos no pensamento substancialista dos *lugares* a não ser com a condição de proceder a uma análise rigorosa das relações entre as estruturas do espaço social e as estruturas do espaço físico. O lugar pode ser definido como o ponto do espaço físico onde um agente ou uma coisa se encontra situado" (Bourdieu, 1999:160). A resistência se manifesta nesta conjuntura de espaços, social e o físico, e se revela pela odiada *miscigenação no espaço habitado*, agora miscigenação proibida. A teoria dos lugares investiga essa relação de estruturas: a estrutura do espaço social se manifesta sob a modalidade de oposições espaciais e, dessa forma, enquanto espaço habitado, funcionando como simbolização espontânea do espaço social.

Paradoxalmente, atualmente, o mundo de hoje globaliza os lugares e obriga a um rearranjo de fronteiras. Com a reestruturação do espaço cria-se uma nova geografia (econômica, política etc) da globalização e há a emergência de uma nova "família de lugares" (Santos, 1994:12).

A catástrofe social, no caso da Paris – cidade destruída, é metáfora da perda de marcas identificatórias que garantem o laço social, dos sujeitos entre si, com as instituições, nas famílias. O contexto social torna-se incoerente, incompreensível e sem garantias. As regras que governam a interdependência grupal não são mais reconhecidas. As produções culturais, as maneiras próprias de viver, de morar e de pensar, apoiadas nessas regras, fragmentam-se.

Deve-se, portanto, proceder a análises que relacionem a modernidade e a metropolização, a mundialização e a fragmentação do espaço urbano, o que permitiria, quem sabe, o diálogo entre os projetos para a construção dos espaços para a cidade, os projetos da cidade (saúde, educação, urbanismo, cultura) e os projetos de vida.

Tais estudos tornariam viável a construção de um plano que procurasse compreender o movimento contínuo da vida e a construção permanente de modos de viver, de práticas do viver, que têm uma velocidade e um tempo impossíveis de se aprender.

Será que as políticas públicas conseguem captar e traduzir as reais necessidades do segmento da população para o qual são construídas? (Santos, 1994).

Como construir pontes e abrir passagens na cidade para permitir a renovação contínua da vida, nas produções culturais, nas novas modalidades do trabalho, na experiência cotidiana?

Como garantir o caráter estrangeiro, o diverso e, ao mesmo tempo, escapar do ser estrangeiro e expulso?

Foucault afirma que a grande obsessão do século XIX era, como sabemos, a História com seus temas sobre o desenvolvimento, sobre as crises e ciclos. A época atual, e aqui está afirmando uma realidade dos anos sessenta do século XX, talvez seja acima de tudo a época do espaço. "Estamos na época da simultaneidade: estamos na época da justaposição, época do perto e longe, do lado a lado, do disperso" (Foucault, 1967).

Portanto, colocar em discussão os sentidos do morar e a cultura conduz à delimitação de um corpo teórico para pensar a cultura; a uma argumentação construída para situar o morar, nos diversos mo-

Negatividade e Vínculo: Mestiçagem como Ideologia

dos de o fazer, seja nos diferentes meios, urbanos e rurais; a uma delimitação espacial, que podemos chamar de *casa* e que se situa, *do ponto de vista psíquico*, nos limites entre o dentro e o fora, "ordenando a experiência espacialmente, sócio-culturalmente e temporalmente", constituindo a subjetividade (Kaës,1998).

Para alguns, o tempo seria responsável pelo sentido de familiaridade enraizado nas rotinas, nas coisas e na experiência de interioridade. O ambiente físico e o espaço construído e habitado seriam uma espécie de sustentação da memória que, em parte, estabelece quem somos, e de onde viemos. Uma identidade ligada ao passado e ao futuro.

Simone Weil, em seu trabalho *A condição operária e outros estudos*, destaca que o enraizamento talvez seja a necessidade mais importante e mais desconhecida da alma humana. E uma das mais difíceis de se definir. "Um ser humano possui uma raiz por sua participação real, ativa e natural na existência da coletividade que conserva vivos certos tesouros do passado e certos pressentimentos do futuro" (Weil,1996:347).

Compreender o que seja morar nos diversos lugares de uma Cultura e nas diversas culturas, exige a busca por identificar nas construções, nos objetos da moradia e na sua disposição, criando os ambientes, uma inscrição ornamental. Tudo comporia e mobilizaria representações, valores, sistemas de significação que estão na base da constituição da identidade, seja de um sujeito seja de um povo, de uma cultura, numa cidade.

"A brusca mudança de ambiente numa rua, numa distância de poucos metros; a divisão patente de uma cidade em zonas de climas psíquicos definido; a linha de maior declive — sem relação com desnível — que devem seguir os passeios a esmo; o aspecto atraente ou repulsivo de certos lugares; tudo isso parece deixado de lado. Pelo menos, nunca é percebido como dependente de causas que podem ser esclarecidas por uma análise mais profunda, e das quais se pode tirar partido. As pessoas sabem que existem bairros tristes e bairros agradáveis. Mas estão em geral convencidas de que as ruas dão um sentimento de satisfação e que as ruas pobres são deprimentes, sem levar em conta nenhum outro fator. De fato, a variedade de possíveis combinações de ambiências, análoga à dissolução dos corpos químicos num número infinito de misturas, provoca sentimentos tão diferenciados e complexos quanto os suscitados por qualquer outra forma de espetáculo. E a mínima prospecção desmistificada mostra que nenhuma distinção, qualitativa ou quantitativa, das influências dos diversos cenários construídos numa cidade pode ser formulada a partir de uma época ou de um estilo arquitetônico, e menos ainda a partir das condições de hábitat. As pesquisas que precisam ser feitas sobre a disposição dos elementos do quadro urbano, em estreita ligação com as sensações que eles provocam, exigem hipóteses arrojadas que convém corrigir constantemente, à luz da experiência, pela critica e pela autocrítica. Alguns quadros de De Chirico, que são nitidamente motivados por sensações de origem arquitetônica, podem exercer, em retorno, uma ação sobre a base objetiva, até transformá-la: os próprios quadros tendem a tornar-se maquetes. Inquietantes bairros com fachadas de arcadas podem um dia prolongar e realizar o fascínio dessa obra" (Debord, 2003:41).

O cotidiano neste cenário manifesta uma certa resistência cultural, pelo uso, seja de palavras ou de coisas, de maneira própria, carregando significados ao mesmo tempo gerais e particulares. Como na Linguagem, respeitamos sua lógica, sua sintaxe, embora a cada momento a recriemos, pela experiência vivida, e a retomamos numa nova ordem. São as metáforas e as metonímias do sistema de significação que temos à nossa disposição, na mítica origem de nossa existência.

O morar, o morar da casa, o morar nômade dos Sem-Terra ou dos Sem-Teto, permite o atravessamento de fronteiras, a mobilidade no tempo, e os diversos ritmos; a cultura transmitida através de símbolos e pelas coisas. A mestiçagem poderia ser pensada como heran-

Negatividade e Vínculo: Mestiçagem como Ideologia

ça cultural, transmitida intergeracionalmente e manifesta nas etnias, nos modos de ser, de fazer e de viver, de morar.

Seria essa mestiçagem uma forma de transformação e resistência à destruição da identidade? Seria uma transformação para não transformar? Para resguardar os traços que, dessa maneira, não seriam destruídos?

Toda cultura comporta necessariamente um dispositivo de auto-representação, que implica na representação daquilo que ela não é (Käes, 1998), daquilo que lhe é estrangeiro ou daquilo que lhe é atribuído, de fora. Neste sentido podemos pensar que a *cultura* (e nela as formas do morar) se constrói a partir "do dentro" mas também "do fora", pelo efeito exercido sobre ela no *trabalho de representação*, que forma a figura do estrangeiro. A diferença está no coração da formação da cultura, como elemento essencial.

Seguindo o pensamento de Käes (1998) e considerando que nossa Cultura supõe um conjunto de sub-culturas, podemos construir a idéia de que há, atualmente, uma dupla conjuntura no que se refere ao interesse pela diferença cultural: o movimento mundial de migrações e de intercâmbios econômicos nos quais podemos reconhecer objetivos de conquista e de poder; mas também daquilo que está em jogo nas transformações de todas as culturas (intolerâncias raciais, étnicas, religiosas etc.).

Acrescente-se a isso as transformações tecnológicas, as transformações das relações sociais internas a uma sociedade (a cultura do quarto mundo, dos migrantes rurais, MST etc.), ou as transformações impensadas, das catástrofes e seus efeitos de ruptura nas relações entre gerações.

Uma leitura psicanalítica permitiria, pelo exame dos contos, dos mitos fundadores, da arte e da religião, na medida em que podem ser considerados como descendentes ou filhos do inconsciente, um estudo do que poderia ser considerado os *invariantes inconscientes* nas representações lingüísticas, nas representações figurativas.

Podemos dizer que a construção do conhecimento sobre a diversidade cultural supõe a construção de "modelos de conhecimento" e, no caso, da imigração/emigração uma certa *viagem* que permitisse a brecha ou passagem na direção do outro, do estrangeiro.

Pôr em questão o saber sobre o outro e sobre si mesmo conduziria, talvez, a uma crítica das categorias através das quais o outro é pensado. A condição para se pensar e para colocar em questão o próprio modelo de pensamento, é o *outro*; uma cultura da alteridade.

O conceito de diferença, no âmbito da psicanálise, aparece ligado e superposto, em diferentes momentos da construção da obra de Freud, ao conceito de estrangeiro. E essas duas noções são associadas inicialmente a desprazer e hostilidade. Forma a categoria do *não-eu* (non-moi).

Noutro momento vem associada à experiência persecutória e depressiva da perda de uma certa unidade (mãe/filho) reorganizando as relações dentro/fora. Afastamento do lugar e da ligação das origens, carrega a significação de exílio e define a categoria do *não vínculo* (non-lien) e da separação. Num terceiro momento associa-se à alteridade; refere-se em última análise à confrontação com a diferença de sexos e entre as gerações. Constitui a categoria do *não o mesmo (non-le même)*. E, num quarto momento vem associada à experiência da saída do grupo famíliar e neste momento à necessidade de rearranjar, através do acesso à escola, fundamentalmente, a relação entre a Lei, as normas experimentadas na familia e as que estão fora dela. Constituiria aqui a categoria do *não-nós (non-nous)*. São categorias que apresentam a diferença sempre marcada pelo signo do *negativo* (Kaës, 1998).

Pode parecer útil neste ponto, distinguir as dimensões psíquicas aqui envolvidas. Neste aspecto deve-se ressaltar a consistência da diferença cultural.

A afirmação cultural é a conseqüência do reconhecimento simultâneo do "nós" (*os mitos, ritos, usos e costumes constituem um conjunto de marcas identificatórias, introjetado como "nós"*) e da diferença cultural. Poderia ter como efeito a abolição, dentro do

Negatividade e Vínculo: Mestiçagem como Ideologia

"nós", de todo afastamento / diferença que poderia colocar em perigo o valor da integração e da unidade desejada, nos espaços e nas formações comuns e partilhadas (Käes, 1998:12).

A experiência cultural, tal como apresentada por Winnicott, é uma extensão da área transicional. Käes vai na mesma direção que Winnicott, quando este propõe o modelo de *uma formação e de uma função psíquicas intermediárias*, nas quais os objetos não são nem idênticos nem estranhos ao Eu, nem dependentes dele, nem perdidos por ele (Käes, 1998). Aqui, a *realidade psíquica* não tem consistência a não ser pelo fato de ser partilhada e, para cada sujeito singular, "os objetos culturais têm uma estrutura biface, narcísica e objetal", como G. Róheim já mostrou, desde a década de 1950. Nesta medida , poderiam oferecer um espaço de trânsito, dentro do sistema ou conjunto.

A hipótese de *formações psíquicas* que permitam estabelecer as ligações, os elos, estariam na base da trama psíquica da experiência cultural. Elas se formam, se testam e se validam nas diversas formas de ligação e de agrupamento que formam a cultura e a cidade.

Mas não são conhecidas a não ser pela prova de "referência ao Fora", na *fronteira* que constitui correlativamente o nós e o estranho e nos valores negativos, perigosos, hostis, do caráter estrangeiro.

Numa sociedade de *emigração* como é considerada a de Cabo Verde, como pensar a caboverdianidade? Identidade, a partir da qual se empreende os reajustes necessários aos padrões sociais e culturais, estabelecem-se as mudanças e a persistência dos costumes e valores que a caracterizam. A caboverdianidade facilita ou não a integração; fornece os recursos pelos quais se constrói a percepção do *lugar*; estabelece e garante a conservação dos padrões tradicionais de cultura; aponta os aspectos de preservação cultural, como a música e a culinária? Assegura a união e a solidariedade; fornece os contornos das redes de dependência mútua; fornece modelos de como *absorver* o modo de vida na *imigração* e os ajustes que são necessários ao emigrante quando chega, para garantir a sobrevivência material, cultural e afetiva (Évora, 2001).

Deixar cair em ruínas os valores, as marcas, os traços quase sempre invisíveis, deixados pelas esquinas, nos telhados, nos cantos perdidos de uma cidade é, do ponto de vista psíquico, destruir *os pactos, os contratos, as alianças* aí apoiados que permitem, ao lado dos enunciados fundamentais próprios a um conjunto humano, a construção das identidades e dos sofrimentos da identidade; a construção dos múltiplos sentidos nascidos das inúmeras histórias, estranhas, diversas, vividas.

"As lembranças se apóiam nas pedras da cidade. Se o espaço para Merleau-Ponty é capaz de exprimir a condição do ser no mundo, a memória escolhe lugares privilegiados de onde retira sua seiva " (Bosi, 2003:71).

Da capacidade de *jogar*, isto é de *brincar* com sua própria cultura talvez derive a qualidade de confronto com a diferença cultural. A Cultura e a Cidade manteriam sempre o estranho, referência fundamental para sua constituição e para a construção e o funcionamento psíquicos das pessoas que nela vivem.

Mantêm, ao mesmo tempo, *o idêntico e o estranho*.

Cultura e cidade. Esquecimento e desconhecimento do morador: mal-estar de um mundo moderno?

CAPÍTULO III
Da Psicologia Social à Psicanálise

Introduzir a temática sobre as fronteiras entre a psicanálise e a psicologia social solicita uma discussão sobre a relação entre narcisismo e grupo, ao menos, em duas direções. A primeira diz respeito ao lugar da psicanálise como suporte de uma abordagem em psicologia social, basicamente considerando a noção de sujeito do inconsciente, como sujeito do grupo. A segunda implica a retomada de conceitos fundamentais da psicanálise à luz das transformações exigidas, ao trabalhá-los essencialmente a partir da questão do grupo, do coletivo, do social.

Na década de 1990, trabalhamos sobre a temática da subjetividade à luz de uma teoria de grupos (Fernandes,1994a). O enfoque do ensaio, na época, era a psicologia social de Pichon-Rivière, que se constituiu a partir de uma ruptura epistemológica com a psicanálise. Seus trabalhos são da década de sessenta e setenta do século XX e revelam uma preocupação com a revisão de conceitos da psicanálise, basicamente no que se refere ao estatuto do conceito de *objeto*. Define o objeto de estudo da psicologia social como "o desenvolvimento e a transformação de uma relação dialética, que se dá entre estrutura social e fantasia inconsciente do sujeito, assentada sobre suas relações de necessidade" (Pichon-Rivière, 1975:206). Nomeia essa passagem como: "Da Psicanálise à Psicologia Social".

Neste capítulo do livro, o título evoca outra passagem, que não pensamos ser o retorno à psicanálise tal como ela foi apresentada por Pichon-Rivière em seus textos. Acreditamos ser uma outra modalidade de encontro e/ou de ruptura entre a psicologia social e a psicanálise, apoiada nos conceitos desenvolvidos por René Kaës.

Vários temas abordados por nós em 1994 são retomados e revistos. Dizíamos nessa época:

"A partir da apresentação dos pressupostos de uma psicologia social entrelaçada a uma teoria/técnica sobre os grupos, discutiremos a concepção do subjetivo que dela se depreende. Por intermédio da própria problematização, a linha de pensamento que vai se concretizando procura instalar, no âmbito da Psicologia, a exigência de se considerar nuclear o papel determinante da experiência vincular social na constituição da subjetividade. Nessa perspectiva discutiremos o grupo como horizonte imediato da experiência e lugar privilegiado de investigação. Os 'processos' psíquicos que definem a maneira de perceber o mundo e as condutas daí decorrentes são pensadas como produzidas a partir de duas ordens: a biológica e a histórico-social" (Fernandes,1994a:1).

Abordar a temática da subjetividade no século XXI convida-nos, novamente, a sair de algumas categorizações e a burlar certos limites.

A crise mundial, com a tendência ao desaparecimento dos Estados Nacionais, à fragmentação política e o retorno de ódios étnicos e religiosos a partir dos anos 80 (século XX), sinaliza constantes interações entre o político, o social, o econômico, o *mass-mediatic*, o religioso, o cotidiano etc.

A crise do petróleo, na década de 1970 (século XX), por exemplo, não pode ser pensada independentemente da existência de milhares de homens massacrados pela pirâmide social da força coletiva de trabalho. Tal situação dá origem a uma problemática que nos interpela e nos obriga a repensar as nossas *antigas* teorias. O indivíduo e o grupo,

Negatividade e Vínculo: Mestiçagem como Ideologia

nesta perspectiva, encontram sua consistência funcional através do *agenciamento* – de componentes semióticos muito diversos, como afirma Guattari. Para dar conta deste tipo de fenômeno não é suficiente dizer, como se fazia há alguns anos: "é necessário levar em conta o contexto, o implícito (...). E que as relações de força, as hierarquias e as mutações tecnológicas (...) fazem parte intrinsecamente dos 'agenciamentos' de enunciação" (Guattari, 1980:128).

Pela "noção de *agenciamento*, mais ampla que a de estrutura, sistema e forma, busca-se dar conta de componentes heterogêneos, tanto de ordem biológica, quanto social, maquínica, gnoseológica, imaginária" (Guattari & Rolnik, 1986:317).

Ora, os modos de produção, além do funcionamento no registro dos valores de troca, alcançariam um modo de controle sobre a subjetivação? Poderíamos então dizer que pelo eixo da sociedade capitalista passa uma tomada de poder sobre a subjetividade. A conseqüência da submissão seria o:

> "estreitamento do campo simbólico, pela redução dos valores à categoria das necessidades reais onde os sujeitos da modernidade ocidental parecem vivenciar as contradições sociais como meramente quantitativas" (Calligaris, 1994: 13).

Reivindicam-se bens, como se naturalmente daí se seguisse o alcance do estado de direito e a cidadania. Ora, a comida no prato, embora necessária, não é condição suficiente para o alcance da cidadania, pois a urgência exige uma redução do social ao individual. Calligaris diz que tal situação "reflete o estado de nosso individualismo, onde se evita todo recurso aos ideais (suspeitos, por serem sempre herdados), fundando nossa razão em um valor concreto" (Calligaris, 1994:13).

Assim como um privilégio não universaliza criando direitos, tampouco a miséria poderia criá-los e exercê-los. Na ausência de valores que orientem nossos atos, ficamos condenados a lutar pela subsistência e a conduzir nossa existência na direção da contabilização de perdas e danos. "A grande novidade do direito internacional é o direito da ingerência por ajuda humanitária (...) o humano se reduz ao humanitário desde que a significação se resume à sobrevivência" (Calligaris, 1994:13).

Desconsideram-se as dissimulações ideológicas nessa tragédia da submissão e da dependência e nosso destino torna-se a satisfação das necessidades básicas reduzidas à *felicidade privada* do alcance de bens. Pela infelicidade, somos convidados a lutar pelo ressarcimento dos danos concretamente sofridos. Pensamos assim recuperar nosso rosto na multidão. Ao lutar pelos *direitos* e eliminar a *hierarquia*, desfiguramo-nos, perdemos a diferença e o diálogo de valores.

Voltamos à hegemonia do olhar sobre a escuta e não mais se solicita o *trabalho da memória*. A lembrança, diluída pelo esforço despendido no imediatamente ocorrido, não é buscada, mas evitada. Não há tempo. Inventa-se um fato e congela-se a ação, pede-se indenização. "Criam-se mecanismos adequados (...) e a contabilidade de culpas e de suas compensações torna-se o princípio regulador do espaço social" (Calligaris, 1994:13).

Pensamento semelhante encontra-se nas análises de Cristopher Lasch sobre a vida americana, em *A Cultura do Narcisismo*. Ele identifica nas relações sociais não mais conflitos de significações ou diálogo de valores, porém uma rede de danos e indenizações concretas, e isto numa sociedade onde resta à coisa pública algum valor (Lasch, 1983).

O horror à velhice, o culto do esporte, a intensificação da guerra entre os sexos, a trivialização das relações pessoais, segundo Lasch, são sinais que denunciam um sistema de controle rigoroso, sob a aparência de permissão e direito à palavra aos cidadãos. Multiplicam-se os *sistemas de ajuda* e assim se evita o confronto direto e a evidência de contradições. Como conseqüência temos a redução do político ao humanitário: a necessidade urgente de enfrentar a fome crônica e a miséria material não permite pensar um projeto social que mobilize uma transformação das relações sociais. Como resgatar o símbolo, escapar da banalidade do factual e alcançar o homem em sua integralidade? Qual o caminho para se escapar dessa morte silenciosa que nos atinge e faz sucumbir nossa criatividade? Certamente não será deixando de lutar contra a fome. Trata-se de reencontrar, como revela Bachelard em *A Intuição do Instante,* os termos gerais do processo de criação:

> "...quando uma alma sensível e cultivada recorda os esforços que realizou para traçar, segundo seu próprio destino intelectual, os lineamentos da razão; quando estuda, valendo-se da memória, a história de sua própria cultura ela se dá conta de que na base das certezas íntimas permanece sempre a lembrança de uma sábia ignorância essencial" (Bachelard, 2000:93).

Pela poesia, buscará desvendar alguns mistérios, no anseio de identificar o momento da síntese fundadora: o poema deve dar uma visão do universo e o segredo de uma alma.

> "Se simplesmente segue o tempo da vida, a poesia é menos que a vida; somente pode ser mais se a imobilizar, vivendo em seu lugar a dialética das alegrias e pesares. É o princípio de uma simultaneidade essencial, na qual o mais disperso conquista unidade" (Bachelard, 2000:93).

Assim, o *criar* ocorre apoiado num eixo diferenciado daquele no qual a vida escorre superficialmente enquanto realidade. Ou seja, o *tempo vertical* do poético recusa *o tempo horizontal* organizado enquanto duração.

A realidade, na vigília, é um motivo de ordenação. Obriga a vista a esperar pela fala, o que resulta em pensamentos objetivamente coerentes. Assim, fala-se o que se vê e se vê o que se fala.

No sonho, ao contrário, imagem recorrente, é a desordenação dos tempos que permitirá os deslocamentos para fora do campo da realidade cotidiana, para se mergulhar nos mistérios do oculto, fonte de criação.

É sobre o movimento de reordenação desse material desalinhado, do tempo perpendicular ao tempo transitivo, ao tempo do mundo e da matéria, que se pode dar a consolidação da atividade que institui o sujeito já desembaraçado e não mais entregue ao arrebatamento do tempo transitivo.

Ora, a partir deste caminho perguntamo-nos: há lugar neste panorama para se atribuir ao indivíduo a produção de uma subjetividade singular? Qual o trajeto de uma psicologia social e de uma "teoria de grupos", no sentido de contribuir para a compreensão da constituição do sujeito psíquico? Nestes termos os pequenos grupos constituiriam lugares privilegiados de ressignificação?

Algumas interrogações postas pelos filósofos frankfurtianos da Teoria Crítica, que mais adiante recuperaremos, nos auxiliam na investigação e compreensão dos chamados fatos sociais, atribuindo à cultura uma dimensão fundamental no movimento histórico bem como na preservação e reconhecimento da individualidade.

A análise das fronteiras entre a psicanálise e a psicologia social permite colocar em discussão a sustentação teórica de algumas hipóteses, como as estabelecidas por Kaës, ao procurar estabelecer um campo de pesquisa e de prática cuja especificidade reside no estudo da correlação entre as organizações intrapsíquicas e as formações do vínculo intersubjetivo, precisamente no ponto de *amarração* de suas estruturas e de seus processos, onde se constitui o sujeito do inconsciente, o sujeito do grupo (Kaës,1994).

Deve-se ter claro, desde o início, que as elaborações teóricas sobre estas questões passam por inúmeras retomadas na história da psicanálise, e traçam um feixe de caminhos entrecruzados.

Cabe-nos localizar a psicanálise na história da construção da psicologia social, tal como reconhecida pelos historiadores da área e, em seguida, a partir dos nós teóricos, derivarmos para os problemas teóricos intrínsecos a ela.

De acordo com Farr (1994), a contribuição psicanalítica para as ciências sociais corre o risco de ser negligenciada. O único estudo importante da história da Psicologia Social, inspirada pela psicanálise,

Negatividade e Vínculo: Mestiçagem como Ideologia

foi *A Psicanálise Autoritária* de Adorno *et al* (1969), como produto das reflexões da Escola de Sociologia de Frankfurt. Trata-se de um estudo sobre a natureza do anti semitismo num contexto moderno.

Foi um estudo considerado *modelo* na área da Psicologia Social, embora a excessiva individualização e americanização da Psicologia Social deixasse de mencionar a valiosa contribuição da Escola de Frankfurt em relação aos seus estudos sobre a mídia e suas teorias sobre a cultura.

Entram, nesse *não reconhecimento*, uma atribuição aos estudos sobre mídia e cultura, como pertencentes à hermenêutica e como uma forma de crítica literária, antes de virem a ser considerados "técnica de pesquisa científica pertinente às ciências naturais" (Farr, 1994:72).

Contudo, as raízes dessa tradição crítica da Escola de Frankfurt remetem à crítica da cultura, elaborada por Freud a partir da primeira guerra mundial e se situa na tradição dos estudos sobre o individual e o coletivo. As formas, sociológica ou psicológica, da psicologia social na era moderna tem sua origem num estágio anterior, num contexto totalmente sociológico, por exemplo, no debate entre E. Durkheim e G. Tarde (1903/1904), sobre as relações entre a sociologia e a psicologia (Farr, 1994).

O que devemos ter em mente é o confronto das preocupações que mais especificamente podem ser localizadas no final do século XIX, tendo como data relevante a publicação de Darwin *The Expression of the Emotions in Man and Animals* em 1872 e, em 1984, a obra de Wundt, sobre *Psicologia Fisiológica*.

A psicologia social de Freud aparece, em seus esboços, anos mais tarde, sendo *Totem e Tabu*, em 1913, a obra na qual para além de lançar a hipótese de uma *psique de massa* ou uma *alma de grupo,* procura cavar um novo celeiro de pesquisa para a psicanálise:

> "a hipótese da psicologia de grupo supõe formações e processos psíquicos inerentes aos conjuntos intersubjetivos (...). Assim, a realidade psíquica não é localizada mais, inteiramente, no sujeito considerado na sua singularidade" (Käes, 1993: 36).

Totem e Tabu inaugura uma trajetória na obra de Freud que se encerrará em 1939 com *Moisés e a Religião Monoteísta,* a qual instala, contundentemente, o problema da transmissão psíquica e seu papel na etiologia das neuroses, ou seja, o problema das transmissões inter e transgeracionais. A relação entre narcisismo e grupo pode aqui ser retomada como, de início, apontamos.

Em *Introdução ao Narcisismo* (1914) e *Psicologia das Massas e Análise do Ego* (1921), Freud reelabora suas hipóteses lançadas em 1913, em *Totem e Tabu.* Nestas obras discute a dupla determinação (tópica, econômica e dinâmica) da psique, a *dupla lógica* que constitui o sujeito: sendo um fim para si mesmo e sendo membro herdeiro e beneficiário de uma cadeia (Käes, 1993).

Entende-se que fenômenos que foram alinhavados pelo conceito de Narcisismo nasceram pelo menos vinte anos antes. Sua localização ligada aos problemas do funcionamento do social aparece após 1914. André Green (1988) defende que o texto precursor menos reconhecido é o "Homem dos Ratos" de 1903, na medida em que as descobertas sobre as relações entre o narcisismo e a onipotência do pensamento, descritas em 1913 em *Totem e Tabu,* foram descobertas pela análise do "Homem dos Ratos".

Na realidade, em 1914, Freud escreve *Introdução ao Narcisismo,* com a preocupação em dar conta das questões lançadas por Adler e Jung, no que diz respeito ao papel da sexualidade na organização psíquica. Mais atencioso às produções junguianas, Freud se viu envolvido numa questão que balançava – os alicerces de sua teoria. Jung queria mostrar que os complexos sexuais ocupavam um lugar secundário na patologia das psicoses delirantes não esquizofrênicas, em relação aos complexos de um Ego grandioso. A questão então dizia respeito ao Ego, como causador do traumatismo psíquico. Essa questão desencadeou uma revirada na teoria freudiana, na medida em que, se o Ego tem o papel que se observa nas psicoses, ele não mais representa os interesses da auto-conservação. O impasse tinha sido criado. Qual seria a explicação? A resposta se dirige para a sexualização do Ego, que recebe sua melhor formulação com a teoria do narcisismo. "No momento em que estas referências se embaralham, a dinâmica do conflito se complica. Com o narcisismo, o Ego passa de aliado à quinta coluna de homeostase mental" (Costa,1989:153).

A relação é clara. Até a primeira tópica, a metapsicologia freudiana se estruturava em torno da compreensão do conflito psíquico, como uma luta entre duas forças. De um lado as pulsões sexuais; as representações recalcadas; o princípio do prazer e os processos primários. Do outro, as pulsões de auto-conservação; as forças recalcantes; o princípio de realidade e os processos secundários. O Ego representava, no sistema PCs-Cs, os interesses da autoconservação e o princípio de realidade (Costa,1989).

Portanto, com a questão levantada por Jung, ou a sexualidade mudava de lugar na teoria ou o Ego não mais sustentaria sua função; de *embaixador da realidade*, junto ao psiquismo. Ao reformular sua teoria, o narcisismo definirá a libidinização das pulsões do Ego, até então destinadas à auto-conservação. Era a resposta a Jung.

> "Na época, Freud pensava que a perturbação 'fundamental' da psicose advinha deste retraimento da libido, que encontrava mais satisfação onde encontrava asilo do que na aventura da libido de objeto, fonte de outras satisfações mas também de muitas decepções, ameaças, incertezas" (Green,1988:12).

Na palavra de Freud, "a idéia de um narcisismo primário e normal se impunha na tentativa de aplicar as hipóteses da teoria da libido à explicação da demência precoce (Kraepelin) ou esquizofrenia (Breuler)" (Freud – 1914,1967:1083). As características principais desse estado psíquico, seja a mania de grandeza ou a falta de interesse pelo mundo externo, surge da subtração da libido ao mundo exterior.

> "A primeira dessas características, não é algo novo, senão como já o sabemos, a intensificação e concretude de um estado que já vinha existindo, circunstância que nos leva a considerar o

narcisismo, engendrado pelo refluxo ao Ego das cargas de libido do objeto, como um narcisismo secundário, baseado em um narcisismo primário encoberto por diversas influências" (Freud-1914, 1967: 1083).

"A emanação desta Libido, as cargas de objeto, susceptíveis de serem enviadas sobre o objeto e retiradas dela, foi o único que advertimos, dando-nos conta, em conjunto, da existência de uma oposição; entre a libido do Ego e a objetivada. Quanto maior é a primeira, tão mais pobre é a segunda. A libido objetivada parece-nos alcançar seu máximo desenvolvimento no amor, o qual se nos apresenta como uma dissolução; da própria personalidade em favor da carga de objeto, e tem sua antítese na fantasia paranóica do 'fim do mundo'" (Freud: 1084).

A segunda tópica surgirá como decorrência destas hipóteses, onde o Ego não mais se liga unicamente aos processos conscientes e pré-conscientes, havendo também agora uma parte inconsciente, produto do recalque. O Ego não mais é o resguardador do equilíbrio psíquico, pode também ser fonte de conflito.

No entanto, antes de poder alcançar clareza quanto ao narcisismo, no que diz respeito ao seu lugar na tópica, na dinâmica e na economia da libido era preciso conhecer seu lugar como sub-conjunto da psique. Após o narcisismo, cresce no seio da teoria uma outra formulação da teoria das pulsões. Antes tínhamos as pulsões de autoconservação. A partir de agora e com *Para Além do Princípio do Prazer*, temos a pulsão de morte.

A sexualidade, por sua vez, mudava de estatuto. Não serão as pulsões sexuais, mas as pulsões de vida que se oporão às pulsões de morte. O que parece ser apenas uma nuança tem inúmeras consequências. Pois, frente ao espectro da morte, o único adversário à altura, é Eros, figura metafórica das pulsões de vida.

O que esta denomina e reagrupa? A soma das pulsões anteriormente descritas que agora se encontram reunidas sob uma denomi-

Negatividade e Vínculo: Mestiçagem como Ideologia

nação única: as pulsões de auto-conservação, as pulsões sexuais, a libido objetal e o narcisismo.

"Em suma, todos os elementos constitutivos das teorias anteriores das pulsões não são mais do que sub-conjuntos reunidos por uma função idêntica: a defesa e a realização da vida por Eros contra os efeitos devastadores das pulsões de morte" (Green,1988:15).

Temos agora Eros contra os efeitos das pulsões de morte, um novo exército das sombras. Green acredita que há uma articulação necessária a ser encontrada entre o narcisismo e a pulsão de morte. É o que se propõe a descrever *como narcisismo negativo.*

Assim, a saída será a compreensão da evolução do Ego consistindo num progressivo afastamento do narcisismo primário, afastamento este que se daria por meio de um deslocamento da libido para um Ego Ideal, *imposto de fora.* A satisfação daí para a frente seria alcançada pelo cumprimento do Ideal (Freud-1914,1967).

A formação de um ideal seria, por parte do Ego, a condição da repressão. O narcisismo aparece então deslocado sobre esse novo Ego ideal, adornado com todas as perfeições, semelhante ao ego infantil. O Ego Ideal ocupará a função até então atribuída ao Ego, no que diz respeito à censura, a repressão. Como se dá o nascimento do Ideal?

A luta é interna ao próprio princípio do prazer ou aos dois modos pelos quais a sexualidade atinge sua finalidade. A solução encontrada, portanto, implicou duas transformações. De um lado foi necessário conceber uma metamorfose da libido. De outro a instituição do Ideal. Estas transformações foram analisadas por Freud, em *Introdução ao Narcisismo,* por meio dos processos de *sublimação* e *idealização.* Estes dois processos descrevem âmbitos diferentes. A sublimação descreve algo que se passa com a pulsão enquanto a idealização descreve algo que se passa com o objeto.

A produção de um ideal eleva, como já temos dito, as exigências do Ego e favorece, mais que nada, a repressão. Em troca, a sublimação representa um meio de cumprir tais exigências sem recorrer à repressão.

Para nós estas questões tornam-se relevantes não unicamente pelo que trazem para a compreensão do destino desse lote de pulsões, mas pelo poder de evidência sobre o conjunto de *fenômenos sociais. Evidenciam o caráter complexo do tema da alteridade.*

Supor formações e processos cuja consistência e organização dependem do conjunto é a segunda "folha da porta" da psicologia social de Freud. Confere ao *conjunto intersubjetivo,* a partir dessas reflexões, um índice de *realidade psíquica.*

A perspectiva da psicologia social, assim traçada faz "do sujeito singular, enquanto sujeito do inconsciente, o elo, o servidor, o beneficiário e o herdeiro da cadeia intersubjetiva da qual ele procede". "Sobre esta cadeia se apóiam mais de uma formação de sua psique; no seu feixe circula, transmite-se e se amarram a matéria psíquica das formações comuns ao sujeito singular e aos conjuntos, do qual é parte constituinte e parte constituída" (Kaës, 1993:39).

Dois objetivos perseguem Freud, segundo Kaës (1993), na proposição de sua psicologia social: o primeiro tem a ver com o "estudo da realidade psíquica própria às formações intersubjetivas, transindividuais e societais" (Kaës, 1993:39).

O segundo objetivo é o estudo do sujeito na sua singularidade, do ponto de vista onde ele é parte constituinte e constituída de um conjunto intersubjetivo, transindividual ou societal. Este ponto de vista é retomado de maneira especial, por Kaës, na consideração do *sujeito do inconsciente como sujeito do grupo.*

A questão mais forte dessa problemática é colocada por Freud em *Introdução ao Narcisismo* e *Psicologia das Massas e Análise do Ego,* como acima apontamos, onde aborda a questão da articulação do estatuto narcisista e o da intersubjetividade no ponto espinhoso que estabelece a *passagem* de "um sujeito do *grupo restrito,* onde os outros têm o estatuto de objetos distintos e investidos en-

Negatividade e Vínculo: Mestiçagem como Ideologia

quanto tais, à *massa* onde eles perdem suas qualidades e onde se exercem outras influências" (Kaës,1993:42).

Tendo tais questões como antecedentes, podemos recuperar a discussão conduzida nos capítulos anteriores, fundamentalmente no que se refere à utilização dessa teoria, para a compreensão da constituição da "cultura/identidade" de um povo, mais especialmente, retomando a *"hipótese da miscigenação"* como ideologia, na sociedade brasileira.

Em capítulo anterior apresentamos as várias fases das diversas teorias que se propuseram caracterizar o povo brasileiro. Segundo Moreira Leite, a qualificação como ideologias, das diversas caracterizações que se apresentavam como teorias, "é produto de sua análise sobre as mesmas a qual mostra como são marcadas pela precariedade, não resistindo a uma análise mais rigorosa parecendo revelar formas explícitas ou disfarçadas de preconceito (...)" (Leite, 1992:133).

Não são *teorias científicas* como pretendem, a partir das descrições que apresentam, mas *ideologias*. Para Dante a

"classificação de uma teoria como ideológica supõe duas alternativas: a primeira, segundo a qual a ciência já dispõe de conhecimento objetivo, capaz de superar o nível ideológico ou de racionalização; a segunda apóia-se no acordo, segundo o qual todo conhecimento sobre o homem é ideológico, isto é, depende da posição ou dos interesses teóricos" (Leite, 1992:134).

Mas, entre os homens de ciência, desde o final do século XIX, encontram-se *modelos teóricos* que são reconhecidos como *modelos raciais* e se apóiam nos "conceitos de raça, cidadania, povo e nação, elementos privilegiados para entender mais um momento em que se redescobria esse mesmo país" (Schwarcz, 2002:22).

A mestiçagem, então, não somente era descrita como adjetivada, constituindo uma pista que justificaria a impossibilidade da construção de uma nação. No interior desse contexto procura-se investigar qual o "papel" da inserção e da recuperação dessas teorias raciais. Revestidas de um ideário cientificista, essas teorias sustentam programas de higienização e saneamento. "Expunha as fragilidades e as especificidades de um país já tão miscigenado". (Schwarcz, 2002:35).

"Esses novos ricos da cultura surgem crescentemente ligados a atividades urbanas e passarão a fazer do ecletismo e da leitura e interpretação de textos e manuais positivistas, darwinistas sociais e evolucionistas sua atividade intelectual por excelência. A emergência do *conceito de raça* delineava-se no âmbito dos debates do final do século XVIII como variação do conceito de cidadania, "... já que no interior desses novos modelos discorria-se mais sobre as determinações do grupo biológico do que sobre o arbítrio do indivíduo entendido como *resultado,* uma reificação dos atributos específicos da sua raça" (Schwarcz, 2002:22).

Referindo-se à posição de Dante Moreira Leite, a autora acentua uma certa corporificação entre liberalismo e racismo, a partir da década de setenta, do século XIX, no que se refere a

"dois grandes modelos teórico-explicativos de sucesso local equivalente e, no entanto, contraditórios: o primeiro fundava-se no indivíduo e em sua responsabilidade pessoal; o segundo retirava a atenção colocada no sujeito para colocá-la no grupo, entendido enquanto resultado de uma estrutura biológica singular" (Schwarcs, 2002:14).

Interessa, sobretudo, pensar como foi política e historicamente construído, o argumento racial que, além de uma definição biológica recebia uma interpretação preponderantemente social.

Considerando essa questão, vale a pena nos lembrarmos dos debates sobre ciência x ideologia, distinção fundamental a ser feita no âmbito da história das ciências. Se a ciência se desenvolve através das revoluções científicas, (...) "equivale a afirmar que a liberta-

Negatividade e Vínculo: Mestiçagem como Ideologia

ção do discurso científico ou o corte epistemológico que ela contém só é possível através de uma ruptura ideológica" (Patto, 1987:78).

Recentemente o debate é moldado, no que se refere às ciências sociais, mas também nas ciências em geral, sobre a *"crise de paradigmas"*. As ciências sociais são subjetivadas pela sociedade à medida que criam as condições de emergência e fortalecimento tanto dos sujeitos individuais da ciência (os cientistas) como dos sujeitos coletivos (as Universidades, as disciplinas científicas etc.). No entanto, "à medida que produzem conhecimento, os sujeitos da ciência são objetivados nos objetos teóricos que criam" (Souza Santos, 1998b:14). As rupturas são ideológicas e epistemológicas. "Por outro lado deve suspeitar-se de uma epistemologia que centrifuga a reflexão sobre as condições sociais de produção e de distribuição (as conseqüências sociais) do conhecimento científico" (Souza Santos, 1998b:14).

Embora não pretenda examinar a questão da origem das ideologias e do processo que valida seu reconhecimento como verdade, talvez possamos nos indagar, a partir do conceito de *alianças inconscientes*, quais são os processos sociais e psíquicos que atribuem às ideologias o caráter de verdade e determinam sua manutenção e seus derivativos nas práticas sociais.

No que concerne ao ponto central deste trabalho podemos perguntar sobre os processos psíquicos que se manifestam nos grupos e "coletivos", que naturalizam as diferenças e, *qual o papel da miscigenação nesta naturalização*. A manutenção das práticas discriminatórias; o preconceito disfarçado?

Devemos sempre retomar que a *mestiçagem* é tomada como paradigma das questões sociais, de natureza violenta. Raptada por uma ideologia que, ao mesmo tempo permite o sentimento de união, pelo suposto *apagamento da diferença*, mantém essa mesma diferença, nas práticas discriminatórias, nos preconceitos ou, no âmbito das diversas ideologias que compõem o quadro miscigenado e aparentemente coerente das políticas públicas, em nosso país, como mostrado, a partir de três exemplos, no capítulo anterior.

O problema da diversidade e da diferença mereceria uma discussão, neste momento. Desde o final do século XIX, dizia-se que

"as *diversidades* existentes entre os homens seriam apenas transitórias e remediáveis pela ação do tempo ou modificáveis mediante o contato cultural. Já o conceito de *diferença* levaria à sugestão de que existiriam espécies humanas ontologicamente diversas, as quais não compartilhariam de uma única linha de desenvolvimento" (Schwarcz, 2002:62).

Diríamos, *é preciso cuidar da raça.*

Não entraremos, certamente, no debate, âmbito da filosofia, sobre a síntese assimétrica do sensível, onde " a diferença não é o diverso. O diverso é dado. Mas a diferença é aquilo que, pelo dado, é dado. É aquilo pelo qual o dado é dado como diverso" (Deleuze, 2002:333). Diferença, num certo sentido é definida como relação de alteridade entre coisas que são idênticas quando se referem a outra relação e que não diferem intrinsecamente *(numero differentia)*. Pode também se referir a coisas especificamente diferentes *(specie differentia)*, além de poder ser entendida como uma característica que distingue uma espécie das outras espécies do mesmo gênero. Seja qual sentido estiver sendo levado no discurso, eles devem ser distinguidos pela forma da frase: *diferença entre(...)* ou *diferença própria* (Lalande, 1951:234). Diverso é remetido a uma distinção aristotélica: é diverso, nesse sentido, tudo que sendo real, não é idêntico. Num sentido moderno diverso e diversidade implicam sempre que os termos ou os objetos têm uma diferença intrínseca e qualitativa (oposta à simples multiplicidade numérica). Neste último uso, seguindo o *princípio dos indiscerníveis*, não difere daquele de Leibniz no que se refere aos seres abstratos (Lalande,1951:244).

Talvez possamos retomar, ao não entrarmos no âmbito da Filosofia, e o faremos mais adiante, a questão da *diferença e da repetição no inconsciente*, segundo Freud, discussão feita brilhantemente

Negatividade e Vínculo: Mestiçagem como Ideologia

por Ricoeur (1988) e a *questão da diferença e repetição no fantasma*, discussão feita por Laplanche e Pontalis (1988).

Neste momento cabe-nos a tarefa de colocar o foco na raça e pensar que a eugenia afastava a visão positiva sobre a mistura racial e se traduzia por procedimentos violentos, tais como a necessidade de esterilização, no campo da medicina. O novo âmbito de estudo sobre inteligência emocional reativa essa mesma questão, sobre diferença e diversidade. "Levar inteligência à emoção, evitar o sentimento que esmaga toda a racionalidade, neutralizar o poder que a emoção tem de aniquilar a razão" (Patto, 2000:64) são as manifestações de uma nova ideologia que se manifesta nas escolas, no trabalho, e nas relações cotidianas.

A função social da ideologia é, para a psicanálise, menos familiar, mesmo que ela tenha sido nitidamente marcada nos textos de Freud entre 1927 e 1932 (Kaës, 1980). Segundo Kaës, essa pouca familiaridade se deve a duas séries de fatores. Uma delas diz respeito a um atributo pejorativo marcando o pensamento freudiano sobre o social, o coletivo e o grupal, pois estava fora do *dispositivo da cura*; considerado psicanálise aplicada colocava em discussão a questão *da articulação das relações entre o psíquico e o social* com as *relações entre o psíquico e o biológico*. A outra série de fatores diz respeito à função de recusa e, por isso mesmo, de desvio, por parte de membros da história do movimento psicanalítico, em relação às idéias de Freud. Adler, Jung e Reich são representantes desse movimento.

Sejam recusas de *direita* ou de *esquerda*, elas são importantes por revelarem versões das diferentes formulações para pensar o que Freud havia esboçado. "Uma tentativa para pensar as *formações intermediárias* entre as estruturas endopsíquicas e as estruturas coletivas, sociais e culturais" (Kaës, 1980: 17).

Neste aspecto, para este autor, merece uma atenção especial o pensamento de Reich por apresentar uma crítica ao pensamento marxista sobre ideologia e distanciar-se da crítica freudiana. Reich retoma o problema colocado por Freud, ou seja, o do afastamento entre a situação econômica e a ideologia.

"O marxismo nega a psicologia. A psicologia política que prometeu Reich, e que ele funda sobre a análise do caráter, é 'a procura desse fator subjetivo da história', da estrutura de caráter dos homens de uma época e da estrutura ideológica da sociedade que eles formam (...). A ideologia de toda formação social não tem somente por função refletir o processo econômico, mas também de a enraizar nas estruturas psíquicas dos homens dessa sociedade. Assim vai explicar o efeito de retorno da ideologia sobre a base econômica da qual saiu" (Reich, *apud* Kaës, 1980:18).

Os estudos sobre a relação entre personalidade e ideologia vinham, desde o início do século, encadeando uma discussão nessa direção. O objetivo voltado para a compreensão do papel das forças de esquerda na Alemanha, na Iª Guerra, da Revolução Russa, do Nazismo e da chamada sociedade administrada mostra o esforço de compreensão do "fracasso da revolução proletária ante a ditadura nazi-fascista e depois face ao milagre econômico – produto de um capitalismo sedimentado – que determinaria o abandono das esperanças revolucionárias e as análises das tendências à total administração na sociedade moderna" (Matos, *apud* Fernandes, 1994a:12).

A perplexidade, sob efeito da incompreensão de tais acontecimentos, veio trazer "a subjetividade à tona, como tema de reflexão política e pesquisa científica" (Fernandes,1994:139). A *Psicologia de Massas do Fascismo,* de Reich, e a *Personalidade Autoritária,* de Adorno, são obras que expressam a intensa preocupação com o destino do sujeito e da sociedade, lida a partir de uma abordagem histórico-materialista.

A esfera psíquica assim abordada passa a "espelhar a sua anulação frente à irracionalidade das forças objetivas" (Fernandes, 1994a:140).

Negatividade e Vínculo: Mestiçagem como Ideologia

Nessa perspectiva, a história do indivíduo e a história da cultura estão interligadas entre si e com as relações de produção, o que significa dizer que as alterações sociais que implicam maior controle da natureza acarretam também alterações de personalidade (Fernandes, 1994a). Se, conforme diversos autores, W. Reich foi pioneiro ao analisar a relação entre *configuração psíquica e estrutura social*, começou-se a abrir aqui um diálogo entre Freud e um Marx revisitado:

"(...) Sem negar a determinação externa ou societária da ideologia (...) Reich aponta para uma outra determinação menos visível, mas também material quanto a primeira, a estrutura psíquica, e reconhece a mediação subjetiva do processo histórico. Destes estudos acrescidos daqueles realizados pelo Instituto de Pesquisa Social de Frankfurt (Adorno, 1969) decorre a ênfase sobre a relação entre o particular e o universal que não se dará pela mediação do ideológico, mas pela da estrutura psíquica" (Carone, *apud* Fernandes, 1994a:142).

Assim, "o discurso de todo sujeito é ao mesmo tempo discurso da ideologia dominante e da repressão e, discurso do desejo do sujeito em luta contra essa repressão" (Kaës,1980:18).

Reconhece-se uma dupla inscrição: "repressão dupla, uma externa, se assim podemos dizer, que vem da organização social que (...) para assegurar sua permanência necessita dessa repressão, a outra, interna, no próprio sujeito, que entre suas necessidades e suas demandas, então e por conseqüência, diante de seu desejo, faz como se não pedisse que a repressão fosse imposta a ele" (Buin, apud Kaës, 1980:19). São duas faces indissociáveis de um mesmo processo.

O problema que se apresenta como obstáculo teórico e se torna uma divergência definitiva entre Freud e Reich tomará consistência através da questão da falta.

"Reich admite, após Marx e Engels, a existência de um afastamento entre o desenvolvimento social e a satisfação das necessidades originárias, inatas, do ser humano. Ele admite também, e este ponto de vista é ainda próximo de Freud, que são desenvolvidos desejos e necessidades secundárias cujos objetos são substitutos sócio-culturais dos objetos reais. Mas Reich diverge de Freud tornando-as as únicas formas sociais responsáveis por esse desenvolvimento secundário. A ideologia é pois o efeito dessa falta e dessa substituição" (Kaës, 1980:19).

A dificuldade para elaborar tal temática e os ataques dirigidos à formulação de sua teoria sobre a relação entre o psíquico e o social voltar-se-ão, a partir da Psicanálise, para aquilo que se nomeará como a desaparição do irracional. *Falta assim a falta.* A noção do conflito, prioritariamente de natureza interna, para a psicanálise ortodoxa, tornar-se-á um conflito que supõe uma dependência do social perseguidor.

Nas novas aproximações sobre essa questão, verificamos que há problemas a se pensar. A psicologia social, a psicanálise de grupos, a psicossociologia dos grupos, dentre outras correntes, detiveram-se sobre alguns desses pontos. Um deles diz respeito a que nenhuma formação humana, seja psíquica, grupal, social, pode se constituir e se desenvolver sem construir uma representação de si-mesma, na qual se inscreve a dinâmica de sua unidade e de sua diferenciação. O fracasso na constituição dessa representação é o fracasso do movimento pelo qual essa formação tenta se unificar, valorizar-se, diferenciar-se e se limitar.

No que se refere à complexidade desta questão vários teóricos (Pontalis, 1963; Anzieu, 1960; Bion, 1961 entre outros) acentuavam a variedade de representações do grupo e seus efeitos no processo grupal. No que diz respeito a Kaës, este procurava articular entre 1967 e 1976, portanto durante quase dez anos, a construção do grupo como investimento e a representação do grupo como objeto da psique. Procurava esboçar as ligações do processo grupal e do processo individual com as representações sistematizadas que *são a ideologia, o mito e a utopia.* Propunha-se, no início de sua investigação,

Negatividade e Vínculo: Mestiçagem como Ideologia

sempre a partir de um ponto de vista psicanalítico, qualificar o processo e as funções da ideologia nos grupos como *formações* que articulam o processo psíquico e o processo grupal. (Kaës, 1980:23). Atualmente, sua abordagem sobre ideologia está modificada e procura pensar o efeito grupal sobre a estruturação, o funcionamento e as criações do psiquismo, a partir da hipótese da existência de *formações intermediárias* onde o grupo, investido pela psique e formado nela, é figura decisiva.

"O grupo não é somente uma externalização de estruturas psíquicas, um objeto ou uma forma da psique. Ele o é também um *enquadramento* (enquadre) e um *processo*" (Kaës, 1980:23). Representação e processo são co-extensivos (Kaës, 1980:22).

CAPÍTULO IV

Questões epistemológicas: velhos e novos impasses

No prefácio à edição francesa *La folie privée* (Green,1990), Green afirma que hoje talvez se possa "dar lugar à reabilitação do conceito de loucura" para designar os estados no *limite* entre a neurose e a psicose.

Se a leitura de Foucault e outros não estivesse tão presente, haveria o risco de se abrir mão da compreensão da loucura como produção social e atribuir a essa nova "franja mal conhecida de estados pseudo neuróticos" (Green,1990), uma determinação de origem estritamente interna. Recolheríamos desta compreensão algum conhecimento e aboliríamos *narcisisticamente* o diálogo que se estabelece além da teoria psicanalítica, sobre questões que têm sido objeto de intensas discussões: o outro, a realidade, o objeto.

Temos falado sobre o movimento no seio das construções teóricas psicanalíticas em direção a um deslocamento da *acentuação* do conceito de pulsão para a noção e o conceito de objeto, enquanto linha norteadora da evolução da teoria psicanalítica.

A história da reflexão freudiana sobre tal questão e seu esforço para iluminar o caminho da investigação em *Introdução ao Narcisismo* encontra força maior.

"... antes de *Introdução ao Narcisismo*, Freud não encontrava o meio de falar adequadamente do objeto a não ser pela sua parte fantasmática. Ele é aprisionado entre a subestimação do objeto na perversão e a superestimação no estado amoroso. O retorno ao *objeto* é, na verdade, anterior à *Introdução ao Narcisismo*, mas este retorno se faz sob os auspícios de uma problemática narcísica: o luto e suas relações com a melancolia" (Green,1990:16).

Entre 1894 e 1920 Freud aproveitou para diversificar consideravelmente as vicissitudes do objeto colocando-o, porém, mais rigorosamente em relação às vicissitudes das pulsões. É como se Freud mantivesse um silêncio obstinado ao acentuar as determinações do objeto e a vontade de jamais se afastar de uma base teórica que tinha por segura, a primazia das pulsões.

De outro lado, sua desconfiança em relação à volta para o objeto só se manifesta porque Freud pensa ameaçar a regressão da teoria psicanalítica à uma concepção que iria ao encontro e se harmonizaria acentuadamente com o real, com a circunstância, os acontecimentos. Tal fato representaria perigo susceptível, o suficiente, para diminuir a parte do inconsciente com vistas a restabelecer uma proeminência do consciente. Tal preocupação diz respeito à sua teoria do Inconsciente menos ao que se refere ao recalcado,

"pois ele terminará por defender a dissociação entre o recalcado e o inconsciente, quanto ao poder *criador* do inconsciente (...) falando mais trivialmente, à sua capacidade para transformar positivamente toda situação frustrante do simples desprazer à extrema dor" (Green, 1993:17).

Ora tais considerações conduzem a uma linha interpretativa, que não abrirá mão da teoria das pulsões, cuja hipótese especulativa mais *estrondosa* aparece na elaboração da segunda tópica, com as pulsões de morte. As controvérsias com seus discípulos e seguidores são

Negatividade e Vínculo: Mestiçagem como Ideologia

múltiplas. Com Adler, há um desacordo em relação à noção de agressividade; com Jung a grandiosa disputa já mencionada em capítulo anterior e a que se refere às fantasias originárias; separados por distâncias geográficas, Abrahan em Berlim e Ferenczi em Budapeste demandam novas formulações sejam no nível teórico (desenvolvimento da libido) ou no nível da prática clínica. Na realidade as controvérsias prefiguravam os últimos setenta anos da evolução da psicanálise moderna, anunciando Balint e Winnicott de uma parte, M. Klein e Lacan, de outra (Green, 1993).

O encaminhamento deste trabalho, na direção de uma investigação no campo teórico da psicanálise, no entanto, conduz a pensar o outro, o objeto, numa perspectiva que privilegia as determinações sociais.

Com este olhar é possível refletir sobre a contribuição da Teoria Crítica na compreensão dos chamados fatos sociais e também naquilo que ela traz de novidade no que diz respeito ao resgate da importância da cultura, no movimento histórico e à preservação e reconhecimento da singularidade.

A relação entre *personalidade e ideologia* vem sendo estudada desde o início do século XX, como vimos, a partir de Reich e outros pensadores que tinham como objetivo estabelecer as *relações entre o psíquico e o social.*

Os problemas abordados neste roteiro de leitura, remetem à análise e recuperação de questões que sempre estiveram no coração do debate em psicanálise. Como dissemos, a *ideologia* como conceito está apontada claramente nos textos de Freud entre 1927 e 1932, embora muito pouco retomada pelos psicanalistas. Os conceitos que sua retomada exige estão largamente exibidos em textos que tratam das bases epistemológicas da construção da psicanálise. Que tipo de conhecimento o conceito de ideologia, no âmbito da psicanálise, produz e quais os conceitos que devem ser inventados para dar conta dos novos impasses com os quais ela deve se defrontar.

Os impasses criados a partir da prática clínica colocavam a teoria diante de uma nova indagação sobre os efeitos das mudanças ocorridas nos *dispositivos* de intervenção e as implicações para a construção teórica.

Num resgate histórico, especificamente ligado ao final do século XIX, levantamos o cenário do nascimento da psicanálise em relação ao pensamento racionalista, predominante a partir do século XVII e que se refletia na abordagem teórica e técnica em relação à loucura.

Retornando a uma herança trágica, própria do período renascentista, onde a loucura fazia parte do registro da verdade, a Psicanálise se opunha a uma tradição crítica oriunda do cartesianismo, pelo qual a loucura se registrava como erro da razão.

A leitura psiquiátrica, no final do século XIX, fundava-se num plano explicativo no que se refere às manifestações clínicas, enquanto a psicanálise mudava o eixo de investigação e buscava, não mais a explicação, mas a compreensão dos fenômenos, o que solicitava mudança radical na prática clínica. Tomando-se a histeria como paradigma desse novo conhecimento que se inventava, atravessamos a discussão que se apóia na construção da trajetória que se definirá como "o caminho que parte do olhar para a escuta".

A mudança de plano da explicação para a compreensão exigia, de fato, a formulação de novas proposições. A primeira exigia uma outra relação entre *verdade, sujeito e loucura*, a qual trazia como decorrência a *fala* (linguagem) como constitutiva do sujeito e *a relação escuta/fala* instalando a relevância da *intersubjetividade*. Uma segunda proposição definia uma nova relação entre *sujeito e corpo* (sexual) e procurava superar a oposição entre corpo e psiquismo, uma herança cartesiana. Nesta nova proposição define-se o registro do sexual e se cria a ordem das representações (Birman, 1989).

Através da histeria, a psicanálise procurava romper com a individualidade centrada na consciência e instalava a *linguagem* como categoria que se localizava no *espaço entre a ordem do corpo e a ordem do psiquismo*, tendo como conceito-limite a *pulsão*.

Essas *duas proposições* evidentemente são inseparáveis e instalam a problemática fundamental, base do solo epistemológico da psicanálise. Assim foi possível "conceber a existência de um psiquismo

Negatividade e Vínculo: Mestiçagem como Ideologia

que não se restringisse ao campo da consciência e que se definisse primordialmente como ordem do inconsciente" (Birman, 1989:137).

Tal problemática e a tentativa de solucioná-la apresentava-se desde 1891, no ensaio sobre a Afasia, quando Freud travava um combate com a Neurologia, no que se refere às diferentes tentativas desta, para representar o aparelho da linguagem (via Wernicke, Lichtein etc.).

"Para Freud algumas das perturbações de linguagem, descritas pelos neurologistas, nada diferem das confusões e mutilações de palavras feitas por pessoas normais quando fatigadas (...). Procura deslocar o problema, tido como decorrente da destruição de centros nervosos, ou seja, como patológico, para colocálo como um sintoma puramente funcional" (Garcia-Roza, 1991:23).

O normal e o patológico ficam mais próximos e nos obriga a "repensar a questão da relação entre *funções e localizações*, elementos tópicos submetidos a rearranjos que obedecem a exigências funcionais" (Garcia-Roza, 1991).

"Freud recusa às chamadas patologias da linguagem um caráter tão marcadamente patológico (...) e admite que o funcionamento da linguagem pode ser definido precisamente como a criação do novo (...). Assim, os fragmentos do discurso afásico não têm outro papel que o de subverter a essência do discurso bemformado. Os exemplos aparecem como 'efeitos de sujeito'. É o sujeito que se manifesta pela subversão" (Nassif, J. *apud* Garcia-Roza, 1991:39).

O sujeito é o produto e o produtor do novo. Precisa do outro para decifrá-lo: assim o campo psicanalítico se configura tendo como objeto teórico o inconsciente e a interpretação como instrumento privilegiado do trabalho (psicanalítico) intersubjetivo.

Este cenário se constrói ao mesmo tempo em que surgem manifestações nos campos da arte e da literatura em relação ao *desconhecido,* o que não está explicitado e exige ser decifrado ou criado. Entre o *deciframento e a criação* instala-se a distinção entre a palavra que serve à comunicação, já gasta e arranhada pelos significados que a ela se associaram e a palavra que se inaugura e dá nascimento ao significado imprevisto.

Destaca-se a arte do século XIX e como encara o nihilismo. Quando Mallarmé descobre que *ma pensée s'est pensée* ou que *la destruction fut ma Béatrice* procura inscrever a música nas letras ou fazer passar, no encadeamento codificado dos versos poéticos, o deslocamento da demência; dá-se o mesmo quando Lautréamont satura a provocação romântica ou aventureira dos *Pensées de Pascal* ou de *La Rochefoucauld.* "A arte da época ultrapassa o nihilismo, ampliando as fronteiras do significável" (Kristeva, 1989:56).

Trata-se do *inacabado e da indecisão* da palavra e de quem a expressa. A empreitada poética supõe o recurso a um outro idioma. A língua ordinária é descartada. "A poesia comanda uma violação do verbo, capaz de causar a surpresa de algo nunca ouvido, algo capaz, por sua vez, de projetar o objeto nomeado (*Crise de Vers*) no que Mallarmé chama uma nova atmosfera" (Motta, 1995:115).

"Em contrapartida à lógica da evidência, da utopia do sentido único e controvertido, (...) chama-se atenção para o involuntário dos discursos. Em Proust, encontramos 'toda revelação apoiada na palavra, se desmente'" (Matos, *apud* Motta, 1995:8).

Cenário múltiplo aquele em que a psicanálise se envolvia. Exigência de *adesão* ao racionalismo ou positivismo e, simultaneamente, de *ruptura* para a criação da novidade psicanalítica que pretendia seguir a carreira de ciência. O confronto da psicanálise com a ciência não revelou a não ser um de seus aspectos, deixando na sombra o tratamento específico do Negativo e o lugar do imaginário, conforme Lacan.

As questões teóricas que se aproximavam da categoria do *negativo* podem ser consideradas tributárias da *crise da religião.* "Ao

Negatividade e Vínculo: Mestiçagem como Ideologia

sentido único e absoluto, a dissolução científica e filosófica do continente teológico lhe opõe sínteses parciais que não se preocupam com o sentido (Crisis de Husserl), ou sínteses teológicas camufladas (dialética hegeliana)" (Kristeva, 1989:55). Seria isso?

Substitui-se o *mito do absoluto* pelo *mito das origens*.

A reflexão sobre o *negativo* se apresenta, na psicanálise, entre o encantamento do vir a ser (não significável) e o desencanto, isto é, o sofrimento do sintoma. Na vertente do sintoma a psicanálise procura, em sua novidade, não se afastar da ciência positivista (*Projeto de uma psicologia para neurologistas*). Porém, a negativização do sentido aparente para uma *verdade concebida como falta,* coloca-a numa posição próxima ao nihilismo da arte e da literatura.

> "...a arte da época ultrapassa o nihilismo alargando as fronteiras do significável. O arcaismo, o narcísico, a destruição se inscrevem na linguagem e esta se encontra revitalizada por essa invasão. Essa presença do desconhecido permite ao que não foi perfeitamente significado, ou seja, que não teve entrada no campo simbólico, ser o traço de união entre a *lei e a psicose* " (Kristeva, 1989:56).

Mas, a exigência de cientificidade impedia, mesmo considerada a complexa arquitetura na qual o sintoma é reconhecido, um desenvolvimento teórico que pressupusesse o *não significado*.

Na construção teórica, ao se estabelecer o campo da representação e a clínica da escuta, supõe-se que a inscrição da experiência no campo da representação (simbólica) está sempre presente. Assim, "a concepção de um simbolismo psíquico pode se constituir, quando se instala teoricamente um campo heterogêneo de representações, marcado pelas defesas, que é o suporte para a oposição sistemática entre Inconsciente – Pré-Consciente – Consciente" (Birman, 1991:161). A clínica psicanalítica pressupõe a equivalência simbólica entre as diferentes representações, o que leva à interpretação ser seu instrumento fundamental.

Esse desenvolvimento teórico pressupõe a hipótese da dupla inscrição

"a funcional e a que se define pela oposição representação palavra/representação coisa. Freud está preocupado com o (...) fenômeno da *passagem* do registro do sistema consciente para o registro do sistema pré-consciente/inconsciente; (...) como deve ser a textura da representação inconsciente e da representação consciente para que o ato psicanalítico funcione de acordo com as coordenadas metodológicas" (Birman, 1991: 226).

Nessa primeira etapa da caminhada freudiana pressupõe-se que a cena traumática, marca do inconsciente, deveria ser conscientizada pelo processo analítico. Caberia *inscrever no registro da palavra o que estava aquém do falar*, no registro do cenário visual (Freud – 1915,1967).

Freud descobrirá que falar não garante a superação do recalque: ou seja, não adianta realizar uma nova inscrição auditiva na psique onde antes só existia o visual, pois o analisando ficaria com uma dupla inscrição do mesmo referente e, ao lado disso, dever-se-ia ter clareza de que ser escutado e ter vivido são duas coisas de natureza psicológica diferente, mesmo se têm conteúdo idêntico (Freud- 1915,1967).

A segunda etapa da caminhada é o desenvolvimento da hipótese funcional – marcada pela revivência. Nesta etapa ele considera que a *passagem* de um sistema para outro se realize por uma *transformação no estado da inscrição*. É o período iniciado com o caso Dora e a descoberta da transferência: recuperação da dimensão da palavra não como palavra racional, mas como palavra encarnada. Portanto, a *intersubjetividade* está intimamente ligada ao processo de deciframento: não somente falar para um outro, mas, reviver com o outro (Birman, 1991).

A hipótese mais densa e consistente que se segue a esta define a *representação de coisa* como própria do Sistema Inconsciente a que se contrapõe a *representação de palavra* como característica do

Sistema Pré-consciente / Consciente. Estabelecida por volta de 1914, o trabalho clínico se desenvolverá apoiado sobre a análise das resistências e indicará como a compulsão à repetição é recuperada para o registro da simbolização: *representação de coisa se transforma em representação de palavra através de cadeias associativas: a representação de coisa vai se inscrevendo (transformando) em representação de palavra.*

No entanto, a experiência clínica carregava novos problemas que não se esclareciam através desse modelo. A compulsão à repetição indica a existência de fenômenos que *nunca foram inscritos* no plano do sentido.

A *não inscrição* é o que confere seu caráter repetitivo. Nunca tendo sido inscrita, a cena se repete em busca do encontro de sua significação. Trata-se, agora, de inscrever uma experiência que deixou marcas. Em sua dimensão metapsicológica o psiquismo, agora, é postulado nos seus *vazios de inscrição*. Reordenam-se, neste momento, as estratégias metodológicas do processo psicanalítico.

"Com a formulação do conceito de pulsão de morte, situado mais além do princípio do prazer, Freud destaca uma forma de trabalho da pulsão, anterior ao funcionamento mental regido pela oposição prazer-desprazer": é a operação básica de ligação da pulsionalidade num sistema de representações – inscrição primordial. Esse trabalho básico de ligação corresponderia a um processo de simbolização primária da pulsionalidade. Apenas após essa primeira simbolização, seria possível no processo psicanalítico a simbolização secundária sobre as representações, consideradas como equivalentes simbólicos: aqui os significados circulariam" (Birman, 1991:231).

É a pulsão de morte operando em silêncio e não se restringe aos poderes da agressão destrutiva: seu poder mortífero é o desligamento (*déliaison*). Ela expressa o que não quer ser inscrito e falado, o obstáculo à emergência da palavra. Neste momento, a elaboração teórica vai se preocupar com o que impede o reconhecimento psíquico de uma experiência, impossibilitando que ela seja inscrita no universo da representação. O *espaço analítico* será o lugar de estruturação (intrincação pulsional) para que o processo de inscrição possa se realizar.

Os *vazios de inscrição* configuram, com maior definição, o *negativo*, no âmbito da psicanálise, embora a figura teórica da negatividade tenha atravessado a história da filosofia, sendo Hegel o filósofo que, mais recentemente, veio imprimir ao processo de *desligamento e ruptura* um lugar fundamental no processo de construção do pensamento filosófico.

Historicamente, o Negativo aparece na sua *forma substantiva* (Guillauman, 1989) para diferenciar neurose de perversão e, sucessivamente, na *forma adjetiva*, como um certo tipo de alucinação, uma forma de transferência agressiva ou como o resultado de certas terapias. Mais recentemente, vem ligado à ausência de representação, a um destino infeliz do funcionamento psíquico e a uma falta, tanto no sentido ontológico como lógico. Fundamentalmente, a partir de Green, vem nomear a experiência psíquica de ultrapassamento, seja por falta ou por excesso.

Para Freud, o negativo se encontra redefinido no empirismo clínico sobre um modo interpessoal ou interativo bem antes de elaborar a idéia de uma relação transferência / contra-transferência. Define como:

> "... essa espécie de luta ou de alternância, na identificação projetiva e na introjeção, entre o fora e o dentro, nos doentes incapazes de regular de maneira estável uma boa distância e fronteiras seguras ou suficientes entre suas fantasias e a apresentação perceptiva deles próprios e do meio ambiente (...) trajeto de identificações instáveis, *em trânsito* e sem representação e oposicionabilidade: *aqui está o negativo*" (Guillaumin, 1989:27).

Negatividade e Vínculo: Mestiçagem como Ideologia

Manifestava-se, na prática clínica, seja pela dificuldade que sentia em propor um sentido às faltas (falhas) depressivas, seja pela dificuldade em reduzir o excesso de sentido das condensações sintomáticas.

Na *clínica* atual, o negativo como sintoma se apresenta como experiência do vazio, angústia de aniquilação. É a sombra do eu e do objeto, um verdadeiro narcisismo em negativo. A clínica do Fronteiriço, assim se apresenta.

No plano *metapsicológico* tem sido referido à ausência de inscrição no universo das representações e, no plano da *teoria do processo* aparece ligado a uma atividade de *desligamento* que corresponde à exaustão (do psicanalista), para impedir a destruição da *função de ligação ao objeto*.

Sabemos que a *figura teórica da negatividade* está evidente em diversos campos do saber no pensamento ocidental demarcando configurações e momentos político-sociais e culturais e, dessa forma, sendo determinante dos *processos de subjetivação*.

Estudar e operar com a *figura do negativo* no que se refere à problemática da constituição do sujeito, dos grupos e coletivos implica diversos impasses. Dois deles serão aqui discutidos. Um deles coloca em discussão o *conceito de realidade psíquica* e o outro se refere à *relação entre realidade psíquica e realidade histórica*.

René Kaës, em sua produção teórica, investiga e busca aprofundar esses conceitos. Tais conceitos dizem respeito à transformação do campo teórico psicanalítico no que se refere à dialética fora x dentro, eu x outro e, como decorrência, no que diz respeito à investigação sobre a construção coletiva e sobre os dispositivos de intervenção.

A problemática central "procura explorar os processos e as formações da realidade psíquica que se revelam nas suas dimensões transubjetivas" (Kaës, 1989:101). Trata-se de dar conta do destino dessas formações e desses processos que atravessam os *espaços* e *tempos* psíquicos de cada sujeito de um conjunto e que transitam e determinam por uma parte a organização, tópica, dinâmica, econômica e estrutural de cada sujeito enquanto faz parte do conjunto. Na realidade pergunta-se sobre os efeitos de subjetividade que se produzem ou deixam de se produzir, isto é, pergunta-se sobre as incidências da dimensão trans-subjetiva nas formações do inconsciente. Pergunta-se também sobre os processos que permitem a transmissão psíquica entre as gerações, que estão na base da *construção cultural de um povo ou de uma nação*.

A hipótese sobre a qual trabalha estava evidenciada em *Introdução ao Narcisismo*, obra fundamental de Freud, e se refere ao duplo estatuto do sujeito: como indivíduo, na medida em que é um fim para si mesmo e como membro de uma cadeia à qual está submetido. O *sujeito psíquico do grupo* ocupa assim um lugar de formador, integrante e beneficiário dos lugares e/ou papéis produzidos na rede de sentidos dessa cadeia de significados produzidos numa cultura, através de seus valores, mitos, utopias, ideologias. É sujeito não somente das formações e dos processos do Inconsciente que o dividem, mas também da cadeia dos 'sonhos de desejo irrealizados' (Kaës, 1989:101).

O que se joga nessa cadeia de significados e que gera o sentido?

Pensa-se que, no conjunto, essa parte da realidade psíquica que cada sujeito projeta, desloca, persegue um *duplo trajeto*: no espaço intrapsíquico, onde ela constitui um componente do Inconsciente; e, no espaço transpsíquico onde, associadas a outras formações homólogas ou complementares, ela se torna *inconsciente pelo conjunto*.

A decorrência de tal formulação permite colocar em circulação a idéia de formações psíquicas que assegurariam a articulação entre a economia, a tópica e a dinâmica do sujeito singular e, de outro, a economia, a tópica e a dinâmica psíquicas formadas para e pelo conjunto (Kaës, 1989). Sua especificidade residiria em dar conta das *passagens*, das *fronteiras*, do que está entre, sem se reduzir a nenhuma das partes às quais elas remetem. São as chamadas *formações intermediárias*. Elas se situam nos pontos de *amarração* (nós), de passagem e de transformação. São formações que descrevem as

Negatividade e Vínculo: Mestiçagem como Ideologia

funções de representação, de delegação e de mediação. Essas formações assegurariam a mediação entre os espaços intrapsíquicos, intersubjetivos e trans-subjetivos. Incluem os objetos intermediários, objetos comuns e partilhados que asseguram diversas funções de ligação, de não separação, de transicionalidade ou de simbolização. Admite também *processos intermediários*, mobilizados nas representações metafóricas do conjunto e de seus elementos.

O modelo do *Aparelho Psíquico Grupal* é criado para dar inteligibilidade a esse funcionamento psíquico (Kaës, 1993) que está sendo pensado como sustentação dos laços (vínculos) de uma coletividade.

O conceito de realidade psíquica aparece, nesta formulação, na sua complexidade. A realidade psíquica não é homogênea; é caracterizada por uma fraca heterogeneidade. Ela comporta não somente muitas formas e graus de consistência. Dispõe também de muitos lugares e muitos centros nos três espaços psíquicos: o espaço e o nível intrapsíquico, o espaço e o nível do grupo e o espaço e o nível intersubjetivo ou intermediário.

Os pontos nodais deste conceito, que está sendo construído, remete à heterogeneidade dos espaços; à função decisiva do fantasma nas suas dimensões estrutural e distributiva; ao duplo eixo estruturante – da *aliança horizontal* sustentada pelas identificações mútuas à imagem do semelhante e da *filiação* e das *afiliações* que inscreve o sujeito singular e os grupos na sucessão de movimentos de vida e morte entre gerações; à resistência que opõe a toda redução imaginária, a opacidade do outro, a consistência da realidade psíquica que envolve os sujeitos no afastamento uns dos outros (Kaës, 1994).

Assim, a uma metapsicologia intrapsíquica, constituída pelo recalque de grupos psíquicos separados, viria se superpor e interferir uma Metapsicologia Transpsíquica constituída por aquilo que, do recalque, é mantido junto, pelo conjunto.

Essas formações inconscientes, mobilizadas na formação do vínculo e do sentido, e que constituem a possibilidade dos espaços comuns e partilhados, se expressam por organizações psíquicas chamadas *alianças inconscientes*.

CAPÍTULO V
Alianças inconscientes

Apoiando-se nos textos de Freud e suas elaborações sucessivas, Kaës propõe uma concepção politópica do inconsciente.

"O espaço intrapsíquico individual não é mais concebido como o lugar exclusivo do inconsciente (...). A idéia de uma tópica deslocalizada, intersubjetiva, tinha sido introduzida por Freud a partir do momento em que a questão da transmissão psíquica colocava-se não somente na escala de muitas gerações como também na sincronia dos sujeitos que formam o casal, a família ou o grupo" (Kaës,1993:254).

Essas aberturas em sua obra são parte da elaboração da segunda teoria do aparelho psíquico embora já estivessem em gestação a partir de seu artigo sobre *O Inconsciente*, de 1915. Teríamos desde então, segundo Kaës, uma teoria ampliada do Inconsciente (sobre a questão do originário) e uma teoria restrita do Inconsciente (sobre a questão da transmissão).

"Essas duas aberturas exploram o *eixo diacrônico* da formação do inconsciente. O método grupal e a abordagem grupal do psiquismo exploram, mais precisamente, o *eixo sincrônico*" (Kaës,1993:255). Kaës discute a hipótese de uma função co-recalcante em nível do grupo e a produção grupal de um recalque. Acentua as condições intersubjetivas do mesmo. Trabalha igualmente com a hipótese segundo a qual certas modalidades do recalque estão em operação nas alianças inconscientes: a existência de modalidades do retorno do recalcado parecem tributárias da economia, da lógica e da tópica grupais. Em realidade, Kaës propõe a construção de uma nova metapsicologia intersubjetiva cujo objetivo seria a articulação das relações entre o duplo limite constitutivo do espaço psíquico, descrito por A. Green: o limite intrapsíquico entre o inconsciente e o pré-consciente / consciente e o limite interpsíquico entre sujeito / si-mesmo (*soi*) e o não-sujeito / não si mesmo (*non-Soi*). O problema se instala à medida que esses dois limites se cruzam dentro e fora de cada sujeito e que a textura psíquica da intersubjetividade é a condição do sujeito do inconsciente.

Suas pesquisas sobre as alianças inconscientes são contemporâneas das desenvolvidas em 1980, sobre a posição ideológica. Acentuou, naquela época, a ligação que a ideologia mantém com o fantasma da imortalidade: a ideologia (...) desenvolve um discurso suficientemente universal para que ele resista à representação das diferenças (...) (Kaës,1993:266).

As noções de contratos, de pactos e de leis estão no coração da intersubjetividade e da sociabilidade. A lei transcende as alianças e se impõe como garantia da ordem humana, estruturando as relações de desejo e de interdição entre os sujeitos. Os teóricos da política, de Aristóteles a Spinoza, pensam o contrato social como fundamento da sociedade.

Para a psicanálise, a nocão de contratos, pactos e alianças é constituída sobre outra base. Não se refere à salvaguarda dos direitos individuais, mas às condições constitutivas do sujeito do inconsciente.

As alianças inconscientes, tópicas do inconsciente, reúnem sob essa denominação os acordos inconscientes estabelecidos entre vários sujeitos. Os pactos narcísicos, os pactos denegativos, as alianças denegadoras, a comunidade de negação, o contrato narcísico (Aulagnier,1979) são manifestações dessas alianças. Elas têm uma tópica e se situam nos pontos de *amarração* das relações recalcadas que sustentam os sujeitos singulares e os conjuntos dos quais eles são a parte constituída e a parte constituinte.

"Elas se formam nessa conjunção que não é a do coletivo, mas da intersubjetividade. As alianças inconscientes são formações de uma aparelhagem psíquica dos sujeitos de um conjunto intersubjetivo: casal, grupo, família, instituição. Elas determinam as modalidades de ligação (vínculo) entre os sujeitos e o espaço psíquico do conjunto através deles" (Kaës,1993:278).

A trajetória construída passa a ser, a partir deste momento, mais ousada à medida que formulamos uma hipótese sobre a *miscigenação como ideologia,* garantida por *acordos coletivos.* A ideologia da miscigenação que, segundo a formulação de Kaës, implicaria alguma alteração de sua hipótese em relação às alianças inconscientes que se formariam e se manifestariam no nível intersubjetivo.

Aliança inconsciente é pensada como uma formação psíquica intersubjetiva construída pelos sujeitos de um vínculo para reforçar, em cada um deles, certos processos, certas funções, ou certas estruturas das quais eles tiram um benefício tal que, a ligação que os mantêm juntos toma para a vida psíquica um valor decisivo (Kaës, 1993).

"O conjunto assim ligado não tem sua *realidade psíquica* a não ser pelas alianças, contratos e pactos que os sujeitos estabelecem e que o seu lugar no conjunto os obriga a manter. Uma aliança inconsciente implica a idéia de uma obrigação e a idéia de uma sujeição" (Kaës,1993:278). As alianças estão a serviço de uma função recalcante e, além disso, de um sobre-recalque, como se fosse um redobramento do recalque, à medida que se manifestam não somente sobre os conteúdos inconscientes, mas sobre a própria aliança.

Dessa forma poderíamos pensar *a mestiçagem (ideologia),* como uma aliança inconsciente: se a própria aliança é recalcada ela pode servir e dar sustento a processos coletivos (inconscientes) embora tenha se formado, apoiada nos processos intersubjetivos.

A originalidade da hipótese de Kaës está em tentar articular dois objetivos: o estudo da realidade psíquica própria às formações intersubjetivas, transindividuais (referentes à espécie) e societais e o estudo da realidade psíquica do sujeito na sua singularidade, à medida que ele é parte constituída e constituinte de um conjunto. Procurará dar conta da especificidade dessas formações psíquicas que vão caracterizar o momento das *passagens*, a caracterização das *fronteiras*, do que está entre, sem reduzir, por meio dessa *ponte*, nenhuma das partes que ligam.

Estas formações registram a *categoria do intermediário* que, de acordo com Käes, pode ser identificada na obra de Freud em três grandes momentos (Käes, 1989: 893).

Num primeiro momento, de 1895 a 1896 quando Freud discute a problemática fundamental, a propósito da "pára-excitação e a vesícula viva". Num segundo momento, de 1899 a 1907 quando desenvolve a idéia dos pensamentos intermediários, cuja estrutura e função no sonho são constantemente associados às das formações de compromisso. Num terceiro momento, de 1920 a 1923 quando, em torno da articulação da segunda tópica, identifica o Ego, os mediadores e os lideres (pontífices) grupais às formações intermediárias e aos seres-fronteira.

Identificar esses momentos evidencia uma outra leitura da obra freudiana:

"momentos fundamentais da teorização freudiana (...) sobre as *formações* capitais, assim como sobre a *função* principal do aparelho psíquico: a ligação dos pensamentos, das pulsões, dos pensamentos e dos objetos, das pessoas entre elas e com suas obras" (Käes, 1989:911).

O esforço de Käes está em identificar, apesar das incertezas e imprecisões, o que estaria no coração da teoria e da técnica psicana-

Negatividade e Vínculo: Mestiçagem como Ideologia

líticas: caracterizar as formações intermediárias, como categoria e como um conceito para a Psicanálise.

Quatro pontos devem ser lembrados, em relação à utilização desta categoria, quando se analisa a obra de Freud. Um primeiro quando Freud recorre à noção de "formação psíquica intermediária" para qualificar principalmente três *realidades*: o sistema percepção-consciência entre o mundo interno e o mundo externo; o sonho, entre o sono e a vigília; o mediador (líder) entre a massa (ou o grupo) e seu ideal. Estas são realidades que têm em comum seu pertencimento a duas ordens de realidade descontínuas, que tais formações articulam por meio de de funções específicas.

Um segundo, quando atribui uma característica fundamental a estas formações intermediárias qual seja, a de que elas dispõem de instâncias ou de processos intermediários. Assim, o aparelho psíquico dispõe, em sua organização interna, de instâncias ou sistemas especialmente afetados pelo e para o trabalho da mediação como o Ego, o sistema pré-consciente, o sonho.

O *sonho*, ele próprio, intermediário entre dois estados do Ego, forma-se e se analisa pelos pensamentos intermediários. O *líder* aciona formações psíquicas intermediárias para articular o laço psíquico e social, entre os membros do grupo e entre o grupo e seu chefe último: a relação entre Moisés, o povo e Deus seria um exemplo.

Um terceiro ponto nos leva a pensar Formação Intermediária tanto as formações limite entre a realidade psíquica e uma ordem de realidade biológica, social ou física, quanto as formações propriamente psíquicas, a serviço dessas formações limite, produzidas para essa função, produtoras de construções que trazem a marca dessa posição: o Ego e o sistema pré-consciente, as formações de compromisso, o sintoma, a palavra.

Um quarto ponto. A partir desta análise deve-se refletir sobre as correlações entre estes dois níveis de mediação, onde um é o conteúdo e o outro o continente, onde um produz o outro, correlativamente.

Como podemos enfrentar estas correlações? Sob o ângulo de uma homologia entre formação de estrutura e de função diferentes e

Maria Inês Assumpção Fernandes

hierarquizadas? Na verdade, Freud faz do *intermediário* um uso ao mesmo tempo extenso e relativamente limitado dessas formações e desses processos, o que torna qualquer tentativa de construção metapsicológica bastante difícil.

Abordemos sob alguns aspectos. São as questões maiores: do ponto de vista tópico, o intermediário é um *lugar*. Porem é um lugar particular, ou seja, está *entre* dois lugares. Uma *fronteira*. Dessa forma ele participa de duas tópicas. Este para ser fronteira deve possuir um espaço próprio e uma densidade particular. As tópicas do Intermediário o aproximariam do utópico, de um espaço paradoxal.

No entanto, o Intermediário não é somente um lugar (paradoxal ou utópico) que encarna ou representa esse ser-fronteira, mas ele também pode ser compreendido como um *objeto*, ou seja, um objeto colocado *entre*. É o que decorre da análise sobre o carretel. O objeto transicional de Winnicott ou o objeto intermediário do Róheim atestam essa leitura.

> "Lugares, instâncias, objetos, seres de passagem, da conexão ou da ruptura, do um ou do múltiplo, o Intermediário é produto de uma separação no espaço; ele está implicado no trabalho da diferenciação, religando partes distintas. Deste ponto de vista ele é *símbolo*" (Kaës, 1989:914).

Lugar, objeto, símbolo. *Ele é e não é*, objeto, lugares, instâncias e seres, que *liga e mantém separado*.

Do ponto de vista dinâmico dois aspectos devem ser discerníveis: de um lado o intermediário é uma formação que surge de um conflito e Freud mostra, neste ponto, as dimensões intrapsíquicas e intersubjetivas ou grupais. Neste caso as formações intermediárias tomam o valor e a função das formações de compromisso tais como aparecem no sintoma, nos pensamentos intermediários do sonho, no chiste, no lapso ou na figura do líder. Esta função, ligada às formações intermediárias, é resultante da tensão entre forças antagônicas e se destina a estabelecer ligações, as mediações e negociações entre elas.

128

Negatividade e Vínculo: Mestiçagem como Ideologia

Se assim o for, esta função estaria a serviço de *uma dupla regulação* psíquica: interna e externa. Em relação a esta última, ela se efetivaria por delegação dos conflitos e das regulamentações sobre o mundo externo, social: tal seria a posição do líder, a serviço dos aspectos dinâmicos do funcionamento psíquico dos sujeitos singulares.

Do ponto de vista econômico, o intermediário estaria associado à função de redução do antagonismo (entre as partes que liga). O ponto de vista econômico conduz a considerar o intermediário como o resultado de deslocamentos de energia. Assim, por exemplo, os pensamentos intermediários constituem uma reserva de energia para obter satisfação pela economia que realizam na representação de pensamentos desprazeirosos. A condensação e o deslocamento são mecanismos a serviço dessa economia. Esta função econômica do intermediário implica reconhecê-lo, também, como *objeto de investimento*.

Os trabalhos de Winnicott na Inglaterra e os de Bateson em Palo Alto, Estados Unidos, mostram a dimensão de paradoxalidade inerente à função de ligação entre formações de estrutura ou de níveis lógicos diferentes e heterogêneos. Mas Winnicott e Bateson evidenciam dois diferentes estatutos do paradoxo:

Um deles é associado ao objeto transicional e o paradoxo é ligado ao processo de criação de um novo espaço psíquico e de uma reestruturação das relações de objeto. O outro está associado à patologia, à esquizofrenia na teoria do duplo vínculo, de Bateson. Winnicott, de outro lado, também realiza uma reflexão sobre a patologia do objeto transicional.

Seja num caso ou noutro, a *ligação* paradoxal cumprida pelo intermediário envolve o que constitui a *passagem* de uma ordem (nível lógico do discurso, estatuto do objeto) a uma outra; de um sistema a outro; de um espaço a outro.

O paradoxo expressa uma função intermediária específica que reúne, como numa ponte, as partes heterogêneas, sem abolir as propriedades dos elementos ligados paradoxalmente

(...) "ele permite que a co-existência e a continuidade desses elementos se recuperem – elementos que tinham estado separados – restabelecendo assim a continuidade psíquica, no caso do paradoxo transicional ou, atacando-a no caso do paradoxo patológico" (Käes, 1989:917).

Evidencia-se o caráter ambivalente da formação intermediária: participa, ora de um processo de estruturação a serviço de novos laços integradores (Eros) ora a serviço de um processo de desestruturação e de paralisia na atividade de ligação: morte psíquica e ataque ao elo, à ligação (Thanatos).

As formações intermediárias e as funções que elas cumprem: *funções fóricas* – transmitir, carregar, conter etc.) não podem ser tratadas a não ser na perspectiva de uma dupla metapsicologia do sujeito singular e da intersubjetividade.

As alianças inconscientes como *formações psíquicas bifaces* são duplamente organizadas. São formações intermediárias. Elas satisfazem certos interesses dos sujeitos considerados na sua singularidade e às exigências próprias à manutenção da ligação, do vínculo que esses sujeitos contratam e que os associam nos conjuntos.

A *mestiçagem* como formação intermediária é uma aliança inconsciente. Estabelece ponte entre *estruturas heterogêneas*. Vimos na discussão acima que, se a própria aliança é recalcada ela pode servir e dar sustento a processos coletivos. Estes processos podem tomar forma e natureza violentas, pois como ideologia é encobridora, apoiada nos processos intersubjetivos. Pode-se entender, portanto, a identidade e a vinculação apoiadas sobre um fundo coletivo. O *acordo coletivo e inconsciente* afiança o grupo e, para tanto, mantém para fora, no desconhecimento, através da função do recalque, aquilo que deixaria em ameaça as condições sociais e psíquicas da vinculação.

Múltiplas são as possibilidades de *acordos e pactos*. Deles decorrem os efeitos do encobrimento e os conteúdos encobertos. Como decorrência, para que a aliança se constitua não há somente a exigência da identificação com um objeto comum; espera-se também

Negatividade e Vínculo: Mestiçagem como Ideologia

que não se dê atenção a certas coisas. Do ponto de vista psíquico, múltiplos são os mecanismos utilizados para mergulhar os indivíduos nos equívocos do desconhecimento como a *identificação* que permite a cada pessoa sentir-se membro de um grupo e por conta disso se assegurar; o *recalque* o qual produz a retirada de representações que possam gerar rupturas; a *repressão*, forma mais dura para a retirada de circulação do indesejado; a *negação*, elemento essencial de toda regulação social e fundador da realidade humana e social (Enriquez, 1997:69).

No que se refere às alianças inconscientes, contratos e pactos narcísicos, pactos denegativos, deve-se considerar que a noção de contrato narcísico (formulada inicialmente por Piera Aulagnier) surge para sublinhar que o sujeito vem ao mundo da sociedade e da sucessão de gerações sendo portador de uma missão: ter que assegurar a continuidade da geração e do conjunto social. O contrato, através do grupo, atribui e oferece um lugar a cada um e esse lugar é *significado* pelo conjunto de vozes que o antecederam, conforme o discurso do mito fundador do grupo. O *contrato* designa o que está no fundamento da relação entre sujeito/sociedade, indivíduo/conjunto, discurso singular/referência cultural. O *pacto* como o entende Kaës é o resultado de uma paz imposta, diferentemente do contrato.

O *pacto denegativo* aparece como a contraface e o complemento do contrato narcísico. Ele apresenta duas polaridades: uma é organizadora do vínculo e do conjunto trans-subjetivo, a outra é defensiva. De fato, cada conjunto particular organiza-se *positivamente* sobre investimentos mútuos, sobre identificações comuns, sobre uma comunidade de ideais e crenças, sobre um contrato narcísico, sobre modalidades toleráveis de realizações de desejos (...); cada conjunto organiza-se também *negativamente* sobre uma comunidade de renúncias e de sacrifícios, sobre extinções, rejeições e recalques, sobre um *deixar de lado e sobre restos*" (Kaës, 1993:274).

Considerando que a função de desconhecimento faz parte da constituição e consolidação dos grupos e está na base da construção do vínculo, perguntamo-nos como o conhecimento pode surgir e se afirmar retirando do lugar o que está estabelecido, instituindo novos lugares e novos objetos como produto do desarranjo alcançado pela entrada, sem permissão, de traços, de registros psíquicos não simbolizados ou representações até então indesejadas?

Como se dão as transformações? De onde surge a energia psíquica para as mudanças? Como nascem as crises e rupturas, brecha para a revelação e o conhecimento?

Tais perguntas remetem à relação entre a *realidade psíquica e a histórica*.

Cabe pensar a "transformação" do conceito de realidade psíquica quando o pensamos nos conjuntos intersubjetivos.

Sabemos que a questão é complexa. Se discutirmos o problema psicanalítico do conhecimento da realidade através do caminho realizado pela filosofia moderna acerca do conhecimento do mundo exterior, verificamos que subjetivo e objetivo ganham diversos sentidos.

Realidade psíquica tal como apresentada por Laplanche/Pontalis (1970) é a expressão muitas vezes utilizada por Freud para designar aquilo que na psique do indivíduo apresenta uma coerência e uma resistência comparáveis às da realidade material – trata-se do desejo inconsciente e dos fantasmas conexos.

Em *O Inconsciente* (1915), Freud afirma

"Assim como Kant nos advertiu para não ignorarmos o fato de que nossas percepções são subjetivamente condicionadas e não devem ser tidas como idênticas ao que, embora incognoscível, é percebido, a psicanálise nos adverte a não equacionar as percepções que temos por meio da consciência, com os processos mentais inconscientes que são seu objeto. Como o físico, o psíquico não é necessariamente na realidade, o que nos parece ser (...) (...) os objetos internos são menos incognoscíveis do que o mundo exterior" (Freud-1915,1967).

Decorre dessa afirmação que as percepções conscientes são representações subjetivas de uma subjetividade a que não temos *verdadeiro* acesso. Sendo sempre representações, por que seriam menos incognoscíveis, os objetos internos, que os externos?

A questão é complexa e poderia ser desdobrada em outras: interfere o inconsciente na construção e determinação das representações dos objetos que chamamos reais? De que modo *atua*?

O percurso de Freud sobre a conceituação do que seja Realidade inicia-se em 1895 em *Projeto de uma Psicologia*, quando trabalha sobre a carga de energia ligada à *lembrança* do objeto; atravessa a construção da etiologia traumática das neuroses; e desenvolve, em 1901, através de *Psicologia dos Processos Oníricos*, a primeira formulação de *realidade psíquica*, sendo o inconsciente a expressão verdadeira dessa realidade.

Em 1905 dá continuidade à investigação por meio da discussão entre *fantasia e realidade* e consolida em *Totem e Tabu* (1913) uma distinção entre *realidade psíquica e realidade factual*: "o que existe na culpa dos neuróticos é sempre realidade psíquica e nunca realidade factual". Procura distinguir os acontecimentos externos, chamados fatos, dos acontecimentos internos, chamados pensamentos. Na discussão que desenvolve sobre a percepção nos *homens primitivos* chega a discutir a importância da Realidade Psíquica nos caminhos tomados pela humanidade.

A obra *O Inconsciente* (1915) registra seu estudo mais consistente sobre essa questão e em *A Perda da Realidade nas Neuroses e Psicoses* (1925) discute os mecanismos pelos quais a realidade psíquica se separa da realidade externa. No decorrer da obra de Freud sempre haverá lugar para a ação vinda do exterior como elemento real e para o estudo dos efeitos dele no mundo mental (Eva, 1998:274).

Decorre desse desenvolvimento a construção de modelos de atuação, no âmbito clínico, subentendidos à discussão sobre a realidade psíquica e realidade externa.

Um primeiro modelo é "aquele que torna a realidade externa tal qual é percebida pelos órgãos dos sentidos" (Eva, 1998:284). Toma a realidade interior constituída pelos desejos inconscientes fantasiados. Esse modelo afirma que a interação entre esses dois mundos cria a realidade psíquica. Há um afastamento da proposta de Freud em relação a ser o Inconsciente a verdadeira realidade psíquica. Esse modelo supõe, portanto, acesso a duas realidades bem como à resultante das mesmas.

Um segundo modelo é o que privilegia a realidade externa tomada como a realidade desejável; esse modelo *vê* a realidade psíquica como distorção da realidade externa. A clínica psiquiátrica, quando mede o sucesso ou eficácia de um procedimento pela desaparição do sintoma, supõe que o sucesso seja a mudança da realidade psíquica que se tornaria igualada à realidade externa.

Um terceiro modelo supõe que o modelo subjetivo é o único possível de se conhecer. A realidade que se conhece é subjetiva. Não há condição de separar ou discriminar o interno do externo.

"Quando podemos nos dar conta de que a percepção que temos é resultado de uma modificação que automaticamente executamos sobre o objeto focalizado, *dentro ou fora*, estamos mais propensos a levar em consideração os *espaços que medeiam* nossa percepção" (Eva, 1998:284).

Lembremos que Bion fez uma clara distinção entre a *área mental* onde se desenvolvem os pensamentos que resultarão em símbolos, juízos, decisões e linguagem; e, uma *área não mental*, importantíssima atividade em todos nós, que é percebida através de ações ou manobras que têm por função livrar o sujeito de excesso de estimulação (alucinações, manifestações psicossomáticas, discursos sem significado e comportamento de grupo).

Em todos esses modelos há um limite estabelecido para o que pode movimentar a vida mental, orientado do *lado de fora*, pelo grupo social, e do *lado de dentro* pelo grupo *introjetado* que, teoricamente, se expressaria nas figuras de Ego Ideal / Ideal de Ego.

Repensar estas questões torna-se fundamental para se retomar os dois objetivos da psicologia social de Freud: o conhecimento da realidade psíquica no nível do sujeito em sua singularidade e da realidade psíquica no nível do grupo.

Negatividade e Vínculo: Mestiçagem como Ideologia

Conceituar realidade psíquica é questão decisiva para o debate sobre grupos e coletividade, porque reside aí a possibilidade da identificação de condições essenciais para a manifestação de regiões do Inconsciente.

Os pontos principais que esse conceito recolhe são, como anteriormente afirmamos: heterogeneidade dos espaços psíquicos intrapsíquicos e grupais, não são redutíveis um ao outro, mas nós temos como tarefa pensar suas articulações – mediações; nessa articulação, uma força decisiva é reconhecer no fantasma (fantasia) a sua dimensão estrutural e distributiva; o duplo eixo estruturante da posição do sujeito e da organização do grupo: o eixo da aliança horizontal com o mesmo, sustentadas pelas identificações mútuas à imagem do semelhante; o eixo da filiação, que inscreve o sujeito singular e os grupos na sucessão de movimentos de vida e morte entre as gerações; a resistência que opõe a toda redução imaginária a opacidade do outro ou dos outros (a consistência da realidade psíquica que envolve os sujeitos no afastamento uns dos outros). É precisamente esse afastamento que as *ligações imaginárias* do grupo visam abolir. É no afastamento que deveria incidir a análise (Käes, 1994:105).

A ligação e o agenciamento das formações e dos processos psíquicos entre os sujeitos se efetuam necessariamente para que sejam mantidos ou transformados os elos (ligação/vínculo) intersubjetivos no grupo, como conjunto.

Esse trabalho psíquico de ligação e dissociação, esse processo de transformação é alcançado através da construção comum de um aparelho psíquico de agrupamento. As formações da grupalidade psíquica funcionam como organizadores deste aparelho.

O aparelho psíquico grupal implica certas funções psíquicas que podem ser inibidas ou reduzidas e outras que, ao contrário, podem ser eletivamente mobilizadas, manifestas e transformadas; a aparelhagem se efetua segundo as modalidades onde prevaleçam entre cada sujeito e o conjunto, sejam relações isomórficas (imaginárias, *metonímicas*) sejam relações homomórficas (simbólicas, *metafóricas*).

135

Ora, tais questões conduzem à sustentação de uma hipótese "segundo a qual a realidade psíquica inconsciente é, por uma parte (mas qual?) trans-individual e essa hipótese procura dar conta de certas condições intersubjetivas das formações do inconsciente do sujeito considerado na sua singularidade" (Käes, 1994:105).

Pensa-se "o grupo como lugar de uma realidade psíquica própria e, talvez, o aparelho de formação de uma parte da realidade dos seus sujeitos" (Käes, 1993:78).

Lembremos que, para Freud, a consistência própria da realidade psíquica é a das formações, processos e instâncias geradas pelo inconsciente. Pensar a realidade psíquica nos grupos e coletivos implica questionar os limites da realidade psíquica: ela não coincide mais, por princípio, com o espaço individual e seu apoio corporal.

Os princípios que tentam dar conta da formação e da consistência da realidade psíquica não mais reenviam a uma determinação puramente intrapsíquica (que se tomem as condições do recalque, os processos de apoio ou, *a fortiori*, a hipótese filogenética).

Ao aceitar este caminho pode-se admitir que a Realidade Psíquica consiste, de um lado, nos efeitos dos desejos inconscientes dos membros do grupo e, que ela conserva para a estrutura, conteúdos e funcionamentos próprios a cada um dos sujeitos. Devemos, contudo, estar atentos à maneira como ela se manifesta, aos conteúdos eletivamente mobilizados, às transformações que ela exige e aos efeitos que ela produz ao se ligar a formações idênticas, homólogas ou antagonistas, nos outros sujeito no grupo.

O problema fundamental é evidentemente o do inconsciente no grupo.

As hipóteses designam uma região da realidade psíquica que não adquire seu valor e sua consistência a não ser pelo fato de estar ligada ao agrupamento dos sujeitos que o constituem: ela subsiste fora de sua singularidade e relança o debate sobre a articulação do intrapsíquico e do grupal.

Negatividade e Vínculo: Mestiçagem como Ideologia

"A realidade psíquica do nível do grupo se apóia e se modela sobre as estruturas da realidade psíquica individual notadamente sobre as formações da grupalidade intrapsíquica; estas são transformadas, agenciadas e reorganizadas segundo a *lógica do conjunto*" (Käes, 1993:86).

O grupo, portanto, impõe uma exigência de trabalho psíquico, comandado pela sua organização, sua manutenção e sua lógica própria.

Pode o grupo, dessa forma, ser pensado como aparelho dessa transformação da matéria psíquica e lugar de sua transmissão?

Em primeiro lugar, supor um nível específico de realidade de grupo, onde este é o lugar da ligação deve suportar a idéia de que esses processos e formações psíquicas não comportam uma determinação inteiramente autônoma, estranha aos sujeitos que formam e constituem o grupo.

Devemos também distinguir a realidade psíquica do nível do grupo, da realidade psíquica intrapsíquica no espaço grupal.

Considerar o aparelho psíquico grupal supõe articular essas duas dimensões que trará, como decorrência, de um lado, a compreensão da formação da realidade psíquica intrapsíquica a partir das exigências impostas pelo grupo. de outro, tratar a questão do sujeito do inconsciente, no grupo.

Admitir que a realidade psíquica não se

"reduz à somatória da Realidade Psíquica de cada membro do grupo, implica admitir que os investimentos e as representações de cada um se ligam e se metabolizam em formações e em processos psíquicos originais" (Käes, 1993: 97).

A questão daí decorrente é tornar mais preciso qual situação psicanalítica construiria as condições adequadas para a manifestação dos efeitos das realidades psíquicas e das posições subjetivas que delas decorrem ou que as co-determinam. Ou seja, precisar a articulação entre o nível da realidade psíquica sob o efeito do grupo e o nível da realidade intrapsíquica (incluindo a trans-individual) nos sujeitos, reunidos em situação de grupo.

Outra questão decorrente dessas colocações é a distinção entre os níveis lógicos da realidade psíquica e suas interferências na heterogeneidade do fenômeno grupal.

A hipótese do Inconsciente, nesta construção, exige novas considerações. De uma tópica individual em direção a uma tópica trans-individual e intersubjetiva.

Implica sustentar que o inconsciente "não coincide estritamente nos seus processos de formação, nos seus conteúdos e nas suas manifestações, com os limites e a lógica interna do aparelho psíquico do sujeito considerado isoladamente". Implica, também, recuperar o valor epistemológico do conceito de apoio, nas suas três dimensões – suporte, modelo e *retomada derivante* (Käes, 1993:98).

PALAVRAS FINAIS

A mestiçagem como ideologia foi o eixo a partir do qual fui amarrando as idéias e experiências surgidas durante a construção deste roteiro de leitura.

Para nós, brasileiros, a **mestiçagem** poderia ser pensada como herança cultural, transmitida intergeracionalmente e manifesta nos modos de fazer e de viver, de morar. Seria essa mestiçagem uma forma de manifestação dessa **resistência** à destruição da própria "identidade" de um povo que, dessa forma, não seria massacrado pela exigência de adesão a outro modo de vida, a outros valores? Ou seria a **mestiçagem** uma modalidade de *redução do estranho?*

Redução da dimensão do **estrangeiro** naquilo que marca sua diferença e seu desconhecimento, seja no que se manifesta nos corpos, nos gestos, nas atitudes, na música, nos ritmos ou; seja na interioridade, nas marcas psíquicas (a serem apagadas), na memória (desfeita), nos ideais (inatingíveis).

Cruzar a fronteira?

A mestiçagem cruza fronteiras. Mas a **diferença** está no coração da formação da cultura, como elemento essencial.

Trabalhando com a idéia de subcultura, no Brasil, como pensar a mestiçagem nessa conjuntura que alia o movimento migratório a interesses econômicos cujos objetivos são de conquista e poder.

Interpretar a mestiçagem como ideologia, a partir de Psicanálise, e especificamente em relação ao conceito de alianças inconscientes requer precisar alguns pontos. "Supõe como condição de interpretação que ela seja reconhecida como objeto de análise, processo e função no campo da psicanálise" (Käes, 1980: 260).

Trata-se fundamentalmente de trabalhá-la como posição ideológica. Como enquadramento (quadro) a ideologia assegura a continuidade – ou mantém a sutura – quando há ameaça de rompimento do quadro. A continuidade é necessária ao estabelecimento do processo de criação que, por sua vez, é uma elaboração da descontinuidade. A sutura é da ordem da negação e da recusa. Pela negação, a ideologia garante um universo sem falhas.

Como quadro, a ideologia é o impensado, o sempre lá, do implícito.

Caracterizar a mestiçagem como ideologia é colocá-la nessas duas dimensões, aquela que dá condição ao processo criador e a que, pela violência da racionalização, impede a manifestação da diferença, mascarando o conflito, as contradições.

No que se refere às políticas públicas, nos diversos modelos que elas geram e nas várias áreas que definem práticas e determinam demandas, encontram as saídas paradoxais, revelando as duas dimensões acima.

No que se refere à "formação", a complexidade da tarefa leva-nos a entender que toda formação de adultos que se propõe como fim a compreensão de si e dos outros, pressupõe que o saber e o saber-fazer, na transmissão dos quais ela se organiza, vai funcionar nas pessoas formadas, independentemente de sua organização subjetiva. Trabalhando com a hipótese do inconsciente, entendemos que as fantasias individuais captam, alteram ou paralisam a percepção.

Pode-se pensar que as ações formadoras são sustentadas por dois princípios que não têm o mesmo peso nem o mesmo sentido. Um diz respeito ao fortalecimento do eu – por definição vem acompanhado por uma aprendizagem da dúvida, do questionamento e do saber obtido. O outro define a ação formadora como voltada principalmente à adaptação ao real cotidiano.

O primeiro princípio refere-se à incorporação da dúvida metódica: viver a alegria da certeza e o seu contrário – a ruptura (abrir mão

Negatividade e Vínculo: Mestiçagem como Ideologia

da certeza), a falta. Saber e certeza só coincidem no modelo, das primeiras atividades psíquicas; no modelo secundário pode haver dúvida e saber, quando a dúvida for parte intrínseca da formação. O segundo princípio expressa a necessidade do saber útil e rentável.

Do ponto de vista que discuto neste trabalho, toda atividade de formação comporta uma face de trabalho e uma contraparte de ilusão. Na medida em que perseguimos o primeiro, é que nos engajamos no segundo.

Mas como as políticas públicas conduzem à mestiçagem das teorias, podemos cair no engano e no desconhecimento, pelo mascaramento da diversidade.

Nesse ponto a formação se transforma em busca da certeza, única alternativa ao "conhecimento" que se quer superar. Instala-se aqui uma crença. O processo de formação suprime a crítica e se fecha num sistema. Fixa-se em ideologia e se temporaliza em instituição (Käes, *apud* Anzieu, 1980: 120).

Em relação à área de Saúde, tomo as instituições de saúde como emblemáticas dos problemas vividos.

As instituições atravessam, ou talvez vivam cronicamente, situações de crise. Nas pesquisas sobre as crises institucionais, aparece freqüentemente, o ponto de partida estando mal construído e a relação que se segue mal estabelecida, entre os efeitos devidos a convulsões propriamente internas aquelas devidas à situação da instituição no tecido social.

Segue-se daí a consideração das crises que se produzem, como fenômenos de um nível de complexidade que desencoraja a explicação e não suporta a não ser intervenções concretas, extremamente pragmáticas, visando procurar uma regulação mais ou menos espontânea pelo jogo de uma "*catharsis* coletiva" ou de um "psicodrama um pouco selvagem".

Há insuficiência do quadro conceitual geral para a apreensão dos fenômenos de conhecimentos técnicos.

Toda instituição responde (mesmo quando até certo ponto de vista gostaríamos de esquecer) a um conjunto de necessidades complexas e simultâneas, e de registros diversos: formar certo tipo de pessoa, fazer viver outras, satisfazer as determinações, políticas ou sociais etc. (Käes, 1980: 252).

A variedade de funções e significações é provavelmente o que as instituições não suportam e que procuram reduzir em radicalizações maniqueístas, sejam intelectuais ou políticas. Há aqui na redução simbólica e como decorrência a ausência de qualquer processo criativo. Novamente estamos no terreno do desconhecimento.

A superação dialética é substituída pelo estado de supressão da tensão.

Em relação à cidade e a cultura, vivemos a contínua miscigenação de espaços no sincretismo das moradias e nos abismos do morar.

Como dissemos, a hipótese de formações psíquicas que permitam estabelecer as ligações estão na base da trama psíquica da experiência cultural. Elas se formam e se validam nas diversas formas de ligação e de agrupamento. Não são conhecidas a não ser pela prova de referência ao fora. Mas essas formações são especialmente frágeis, sensíveis à transformação, pois são elas que permitem a transmissão da vida psíquica. São indispensáveis a toda situação de crise e a todo trabalho da cultura, ou seja, ao reconhecimento da diferença.

O que está em jogo é nossa capacidade para reconhecer a diferença e torná-la presente no viver. O conceito de diferença e de estrangeiro merecem uma contínua investigação. Delimitar o corpo teórico para pensar a cultura, nos contornos do espaço que, do ponto de vista psíquico, implica o reconhecimento dos limites entre o "dentro" e o "fora".

No caso do morar, o oprimido é um atributo, uma categoria para pensar as relações ou a expressão da diferença? Essa ação não estaria imaginando uma sociedade ideal onde as pessoas deveriam viver? A cultura e os sentidos do morar exigem uma busca incessante em ampliar o conceito de diferença e de estrangeiro.

A ideologia, cumpriria a função nos grupos sociais, de articulação entre o processo psíquico e o processo grupal. A mestiçagem, como ideologia, estabeleceria essa ligação concorrendo para a construção do mito de um Brasil sem barreiras mascarando as discriminações ou, garantindo a continuidade de um processo de contínua transformação, de criação?

Novas mãos deverão modelar a matéria.

BIBLIOGRAFIA
Referências

ADORNO, T.W.; HORKHEIMER, M; (1969) *Dialética do Esclarecimento: Fragmentos Filosóficos.* 2. ed. Rio de Janeiro: Jorge Zahar, 1986.

ADORNO, T.W. et al. The Authoritarian Personality. New York, Harper and Row, 1950.

ALVES, R. *Livro Sem Fim.* São Paulo: Loyola, 2002.

AMARANTE, P. Manicômio e Loucura no Final do Século e do Milênio. In: FERNANDES, M. I. A.; SCARCELLI, I. R.; COSTA, E. S. (Org.) *Fim de Século: ainda manicômios?* São Paulo, IPUSP, 1999. P. 47-53.

ANZIEU, D. *Créer Détruire.* Paris: Dunod, 1996.

ANZIEU, D. (1960) *O Grupo e o Inconsciente: O Imaginário Grupal.* São Paulo: Casa do Psicólogo, 1993.

ANZIEU, D. et al. *Le Travail Psychanalytique dans les Groupes.* Paris: Dunod, 1975.

ARANTES, O. et al. *A Cidade do Pensamento Único: Desmanchando consensos.* Petrópolis : Vozes, 2002.

ARENDT, H. Da violência. In *Crise da República.* São Paulo: Perspectiva, 1973.

Maria Inês Assumpção Fernandes

ARENDT, H. *Entre o Passado e o Futuro.* São Paulo: Perspectiva, 1972.

AULAGNIER, P. *A violência da Interpretação:do pitctograma ao enunciado.* Rio de Janeiro: Imago, 1979.

AULAGNIER, P. *O Aprendiz de Historiador e o Mestre-Feiticeiro: do discurso identificante ao discurso delirante.* São Paulo: Escuta, 1989.

BACHELARD, G. *La Formation de L´Esprit Scientifique: Contribution a Une Psychanalyse de la Connaissance Objective.* Paris: Librairie Philosophique J. Vrin, 1983.

BACHELARD, G.(1950) *La Dialectique de La Durée.* Paris: Presses Universitaires de France, 2000.

BACHELARD, G (1932) *La Intuición del Instante.* México D.F.: Fondo de Cultura Económica, 2000.

BACON, F. *Ensaios.* Lisboa: Guimarães Editores, 1952. (Coleção Filosofia e Ensaios).

BARANES, J. J. Déni, identifications aliénantes, temps de la génération. In: MISSENARD, A. (Org.) *Le Négatif Figures et modalités.* Bordas, Paris: Dunod, 1989. p. 78-100.

BAREMBLITT, G. et al. *SaúdeLoucura – Número 4.* São Paulo: Hucitec, 1993.

BAREMBLITT, G. *O Inconsciente Institucional.* Petrópolis: Vozes, 1984.

BARTHES, R. *Crítica y Verdad.* Argentina: Siglo XXI Editores, 1972.

BAPTISTA, L.A. *A Cidade dos Sábios: Reflexão sobre a Dinâmica Social nas Grandes Cidades.* São Paulo: Summus, 1999.

BAZ, M. S. Salud social y subjetividad colectiva In: *El sujeto de la salud mental a fines de siglo.* UAM-X, México, 1996.

BENEVOLO, L. *História da Cidade.* São Paulo: Perspectiva, 2001.

BERGSON, H. *Las dos Fuentes de la Moral y de la Religión.* Buenos Aires: Editorial Sudamericana, 1962.

Negatividade e Vínculo: Mestiçagem como Ideologia

BEZERRA JR., B. *Prefácio*. In: FERNANDES, M.I.A.; VIEIRA, M. C. T.; VICENTIN, M. C. G. (Org.) Tecendo a Rede: Trajetórias da Saúde Mental em São Paulo 1989-1996. São Paulo: Cabral Editora Universitária, 1999.

BION, W. R. *Atenção e Interpretação: Uma Aproximação Científica à Compreensão Interna na Psicanálise e nos Grupos*. Rio de Janeiro: Imago, 1973.

BION, W. R. *Experiencias en Grupos*. Buenos Aires : Paidos, 1972.

BIRMAN, J. *Ensaios de Teoria Psicanalítica – Parte 1: Metapsicologia, Pulsão, Linguagem, Inconsciente e Sexualidade.* Rio de Janeiro: Jorge Zahar, 1993.

BIRMAN, J. *Freud e a Interpretação psicanalítica: A constituição da psicanálise Segunda Parte*. Rio de Janeiro: Relume. Dumará, 1991.

BIRMAN, J. *Freud e a Experiência Psicanalítica: A Constituição da Psicanálise.* Rio de Janeiro: Taurus Timbre, 1989.

BIRMAN, J. (org.) *Freud 50 anos depois.* Rio de Janeiro : Relume. Dumará, 1989

BLEGER, J. *Psicohigiene y Psicologia Institucional.* Buenos Aires: Paidós, 1976.

BLEGER, J. *Temas de Psicología: entrevista y grupos.* Buenos Aires: Nueva Visión, 1974.

BONNEFOY, Y. et al. *Pouvoirs du Négatif Dans la Psychanalyse et la Culture.* France: Editions Champ Vallon, 1988.

BORGES, J. L.; FERRARI, O. *Libro de Diálogos.* Buenos Aires: Sudamericana, 1986.

BORGES, J. L. (1969) *Ficções.* 5a edição. São Paulo: Globo, 1989.

BORGES, J. L. *Obras Completas.* Buenos Aires: Emecé Editores, 1990.

BOSI, A. *Céu, Inferno: Ensaios de Crítica Literária e Ideológica.* São Paulo: Ática, 1988.

Maria Inês Assumpção Fernandes

BOSI, A. *Dialética da Colonização*. São Paulo: Companhia das Letras, 1994.

BOSI, A. Fenomenologia do Olhar. In: NOVAES, A. (Org.) *O Olhar*. São Paulo: Schwarcz, 1988.

BOSI, A. *Machado de Assis: O enigma do olhar*. São Paulo: Ática, 1999.

BOSI, A. *O ser e o tempo da poesia*. São Paulo: Cultrix, 1993.

BOSI, E. *Tempo vivo da memória*. São Paulo: Atelie. 2003

BOSI, E. (1972) *Cultura de Massa e Cultura Popular: Leituras de Operárias*. 2. ed. Petrópolis, Rio de Janeiro: Vozes, 1973.

BOURDIEU, P. *A Miséria do Mundo*. 3. ed. Petrópolis: Vozes, 1999.

BRAVERMAN, H. (1974) *Trabalho e Capital Monopolista: A Degradação do Trabalho no Século XX*. Rio de Janeiro: Zahar Editores, 1977.

CALLIGARIS, C. *Crônicas do Individualismo Cotidiano*. São Paulo: Ática,1996.

CALLIGARIS, C. *Terra de Ninguém*. São Paulo: Publifolha, 2004.

CAÏN, J. *Temps et Psychanalyse*. Paris: Éducation et Culture Privat, 1982.

CAMARGO, M. J. *Espaços de arte brasileira*. São Paulo: Cosac & Naify, 2000.

CANGUILHEM, G. *Le Normal et le Pathologique*. Paris, Presses Universitaires de France, 1966.

CARDOSO, I e SILVEIRA, P. (orgs.) *Utopia e Mal Estar na Cultura*. São Paulo, Editora Hucitec, 1997.

CARDOSO, S. O olhar dos viajantes. In: NOVAES, A. (Org.) *O olhar*. São Paulo: Schwarcz, 1988.

CASTEL, R. *As Metamorfoses da Questão Social: Uma Crônica do Salário*. Petrópolis: Vozes, 1998.

Negatividade e Vínculo: Mestiçagem como Ideologia

CASTEL, R. (1981) *A Gestão dos Riscos: Da Antipsiquiatria à Pós Psicanálise.* Rio de Janeiro: Francisco Alves, 1987.

CASTEL, R. *O Psicanalismo.* Rio de Janeiro: Graal, 1978.

CERTEAU, M. *L'invention du Quotidien: 1. Arts de Faire.* Paris: Gallimard, 1990.

CERTEAU, M. *Histoire de la Psychanalyse entre science et fiction.* Paris: Gallimard, 1987.

CHAUÍ, Marilena. "A Universidade Operacional: a atual reforma do Estado ameaça esvaziar a instituição universitária com sua lógica de mercado". In: *Folha de S. Paulo.* Caderno Mais!, São Paulo: 9.5.1999, p. 3.

CHAUÍ, M. *Brasil: Mito Fundador e Sociedade Autoritária.* São Paulo: Ed.Fundação Perseu Abramo, 2000.

CHAUÍ, M. Janela da Alma, espelho do mundo. In: NOVAES, A. (Org.) *O olhar.* São Paulo: Schwarcz, 1988.

CHOMSKY, N. *Pocos Prósperos, Muchos Descontentos.* Entrevista por David Barsamian. Mexico: Siglo Veintiuno Editores, 1997.

CINTRA, D. *Folha de S. Paulo*, Caderno 3, São Paulo: 20.12.1997, p. 2.

COELHO NETTO, J.T. *Jornal da USP*, São Paulo, 1998.

COELHO NETTO. J.T. *A Construção do Sentido na Arquitetura.* São Paulo: Perspectiva, 2002.

CORREA, O. B. R. A Instituição Família na Tecelagem Vincular. In: CORREA, O.B.R. (Org.) *Vínculos e instituições: uma escuta psicanalítica.* São Paulo: Escuta, 2002.

CORREA, O. B. R. Eclosão dos vínculos genealógicos e transmissão psíquica. In: CORREA, O. B. R. (Org.) *Os avatares da transmissão psíquica geracional.* São Paulo: Escuta, 2000.

CORREA, O. B. R. (Org.) *Os Avatares da Transmissão Psíquica Geracional.* São Paulo: Escuta, 2000.

Maria Inês Assumpção Fernandes

CORREA, O. B. R. La Clinique Groupale dans la Plurisubjectivité Culturelle. In: KAËS, R. et al. *Différence Culturelle el Souffrances de L'identité*. Paris: Dunod, 1998.

COSTA, J. F. *Violência e Psicanálise*. 2. ed. Rio de Janeiro: Graal, 1986.

COSTA, J. F. *Psicanálise e Contexto Cultural: Imaginário Psicanalítico, Grupos e Psicoterapias*. Rio de Janeiro: Ed. Campus, 1989.

COSTA, J. F. Pragmática e processo analítico : Freud, Wittgenstein, Davidson, Rorty. In: COSTA, J.F. (Org.) *Redescrições da Psicanálise: Ensaios Pragmáticos*. Rio de Janeiro: Relume. Dumará, 1994.

COUTINHO, C. N. Representação de interesses, formulação de políticas e hegemonia. In S. F. Teixeira, *Reforma sanitária – Em busca de uma teoria*. São Paulo: Cortez, 1989.

CUNHA, L. A. Ensino superior e universidade no Brasil. Uma história de crises? In *Publicação* (n.4/98). s.l.: NESUB/CEAM, 1998.

DA MATTA, R. *Carnavais, Malandros e Heróis: Para uma Sociologia do Dilema Brasileiro*. 5. ed. Rio de Janeiro: Guanabara, 1990.

DEBORD, G.E. Introdução a uma Crítica da Geografia Humana. In: Jacques, P.B. (org.) *Apologia da Deriva: escritos situacionistas sobre a cidade*. Rio de Janeiro: Casa da Palavra, 2003.

DEBORD, G.E. *La Société du Spetacle*. Paris: Gallimard, 1992.

DE BRASI, J. C. Psicología de las masas. La grupalidad en movimiento. In: FERNÁNDEZ, A. M. & DE BRASI, J. C. (Org.) *Tiempo histórico y campo grupal: masas, grupos e instituciones*. Buenos Aires, Argentina: Nueva Visión, 1993.

DEJOURS, C. *A Loucura do Trabalho: Estudo de Psicopatologia do Trabalho*. São Paulo: Cortez, 1992.

DELEUZE, G. *Conversações*. Rio de Janeiro: Ed. 34, 2002.

DELEUZE, G. *Diferencia y Repetición*. Buenos Aires: Amorrortu Ed., 2002.

Negatividade e Vínculo: Mestiçagem como Ideologia

DIAS SOBRINHO, J. *Avaliação do ensino superior*. São Paulo, 1996.

DUARTE, F. *Crise das Matrizes Espaciais*. São Paulo: Perspectiva, 2002.

DURUZ, N. *I Concetti di Narcisismo, Io e Sé*. Roma: Astrolabio, 1987.

EIGUER, A. et al. *Le Générationnel: Approche en Thérapie Familiale Psychanalytique* Paris: Dunod, 1997.

ENRIQUEZ, E. *De La Horde à l'état: Essai de Psychanalyse du Lien Social*. Paris: Gallimard, 1983.

ENRIQUEZ, E. (1995). Prefácio. In E. Davel & T. Vasconcelos (Orgs.), *Recursos humanos e subjetividade*. Rio de Janeiro: Vozes.

ENRIQUEZ, E. *A organização em Análise*. Rio de Janeiro: Vozes, 1997.

ÉVORA, I. *Italianas em Cabo Verde, Caboverdianas em Itália, mulheres da diáspora: Migração e repercussões psicossociais*. Tese de Doutorado, IPUSP, 2001.

FARR, R. *As Raízes da Psicologia Social Moderna*. Petrópolis: Editora Vozes, 1999.

FAUSTO, B. *História do Brasil* São Paulo: Edusp, 1996.

FERNANDES, M. I. A. Investigação em Crianças Bilingües. Análise Segundo E. Sapir. *Cadernos de Pesquisa da Fundação Carlos Chagas*. São Paulo, v. 23, p. 25-29, 1977.

FERNANDES, M. I. A. A Subjetividade à Luz de uma Teoria de Grupos. *Revista Psicologia* USP. São Paulo, v. 5, p. 285-296, 1994a.

FERNANDES, M. I. A. Psicanálise e Psicologia Social na Trajaetória da Construção de uma Técnica : o Grupo Operativo. In: *Boletim de Psicologia*. São Paulo, v. XLIV, p. 81-87, 1994b.

FERNANDES, M. I. A. A população diante da implantação de programas políticos: efeitos da violência. In CAMINO, L. e MENANDRO, P. (Orgs.) *A sociedade na perspectiva da Psicologia: Questões teóricas e Metodológicas*. Rio de Janeiro, ANPEPP, 1996.

FERNANDES, M.I.A Admirável Modernidade: A Administração de Afetos. In: FERNANDES, M.I.A.; VIEIRA, M. C. T.; VICENTIN, M. C. G. (Org.) *Tecendo a Rede: Trajetórias da Saúde Mental em São Paulo 1989-1996.* São Paulo: Cabral Editora Universitária, 1999a.

FERNANDES, M. I. A. Saúde mental: a clausura de um conceito. *REVISTA USP*, São Paulo, n. 43, 90-99, setembro/novembro 1999b.

FERNANDES, M. I. A. Uma nova ordem: Narcisismo expandido e interioridade confiscada. In: M. I. A. Fernandes, I. R. Scarcelli, & E. S. Costa (Orgs.), *Fim de século: Ainda manicômios?* São Paulo: Instituto de Psicologia da Universidade de São Paulo, 1999c.

FERNANDES, M.I.A; SCARCELLI, I. R.; COSTA, E. S. (Orgs.) *Fim de Século: ainda manicômios?* São Paulo, IPUSP, 1999d.

FERNANDES, M. I .A. Abandono das Instituições: Construção de Políticas Públicas e Universidade. REVISTA PSICOLOGIA USP, 2001, vol. 12, n. 2., p.11-28.

FERNANDES, M. I .A. Diversidade e Representações: uma leitura a partir do funcionamento psíquico dos grupos. In: *Diversidade - Avanço Conceitual para a Educação Profissional e o Trabalho: Ensaios e Reflexões.* Brasília : Ministério do Trabalho e Emprego, 2002.

FERNÁNDEZ, A. M. De lo imaginario social e lo imaginario grupal. In: FERNÁNDEZ, A. M. & DE BRASI, J. C. (Org.) *Tiempo histórico y campo grupal: masas, grupos e instituciones.* Buenos Aires, Argentina: Nueva Visión, 1993.

FILHO, J.M.G. Olhar e memória. In: NOVAES, A. (Org.) *O olhar.* São Paulo: Schwarcz, 1988.

FÓNAGY, Ivan. «Les iangages dans le langage» In: *Langages* (IIe Rencontres d'Aix-en-Provence, 1983). Les Belles Lettres (Confluents psychanalytiques). Paris; 1984 [p. 303-353].

FORRESTER, J. *Seduções da Psicanálise: Freud, Lacan e Derrida.* Campinas, São Paulo: Papirus, 1990.

FORRESTER, V. *O Horror Econômico.* São Paulo: Editora UNESP, 1997.

Negatividade e Vínculo: Mestiçagem como Ideologia

FOUCAULT, M. *Vigiar e Punir: Nascimento da Prisão*. 25ª ed. Petrópolis: Ed. Vozes, 2002.

FOUCAULT, M. *Microfísica do Poder*. 16a ed. Rio de Janeiro: Graal, 2001.

FOUCAULT, M. Dits et écrits 1984 , "Des espaces autres" (conférence au Cercle d'études architecturales, 14 mars 1967), *Architecture, Mouvement, Continuité*, n° 5, octobre 1984, pp. 46-49.

FREUD, S. (1898) *La Histeria*. Obras Completas, vol. I , Madrid: Ed. Biblioteca Nueva, 1967.

FREUD, S. (1892-1899) *Primeras Aportaciones a la Teoria de las Neurosis*. Obras Completas, vol. I , Madrid: Ed. Biblioteca Nueva, 1967.

FREUD, S. (1901) *La Interpretación de los Sueños*. Obras Completas, vol. I, Madrid: Ed. Biblioteca Nueva, 1967.

FREUD, S. (1901) *La Adición Metapsicologica a la teoria de los Sueños*. Obras Completas, vol. I , Madrid: Ed. Biblioteca Nueva, 1967.

FREUD, S. (1910) *Esquema del Psicoanalisis*. Obras Completas, vol. III , Madrid: Ed. Biblioteca Nueva, 1967.

FREUD, S. (1913) *Totem y Tabu*. Obras Completas, vol. II, Madrid: Ed. Biblioteca Nueva, 1967.

FREUD, S. (1914) *Introducción al Narcisismo*. Obras Completas, vol. I, Madrid: Ed. Biblioteca Nueva, 1967.

FREUD, S. (1917) *La Aflicción y la Melancolia*. Obras Completas, vol. I, Madrid: Ed. Biblioteca Nueva, 1967.

FREUD, S. (1904-1920) *Tecnica Psicoanalítica*. Obras Completas, vol. II, Madrid: Ed. Biblioteca Nueva, 1967.

FREUD, S. (1920) *Mas Allá del Principio del Placer*. Obras Completas, vol. I, Madrid: Ed. Biblioteca Nueva, 1967.

FREUD, S. (1921) *Psicologia de las Masas*. Obras Completas, vol. I, Madrid: Ed. Biblioteca Nueva, 1967.

Maria Inês Assumpção Fernandes

FREUD, S. (1923) *El Yo y el Ello*. Obras Completas, vol. II, Madrid: Ed. Biblioteca Nueva, 1967.

FREUD, S. (1925) *Inhibición, Sintoma y Angustia*. Obras Completas, vol. II, Madrid: Ed. Biblioteca Nueva, 1967.

FREUD, S. (1927) *El Porvenir de una Ilusión*. Obras Completas, vol. III, Madrid: Ed. Biblioteca Nueva, 1967.

FREUD, S. (1927) *El Porvenir de una Ilusión*. Obras Completas, vol. III, Madrid: Ed. Biblioteca Nueva, 1967.

FREUD, S. (1930) *El Malestar en la Cultura*. Obras Completas, vol. III, Madrid: Ed. Biblioteca Nueva, 1967.

FREUD, S. (1937) *El Moyses y la Religión Monoteísta*. Obras Completas, vol. III, Madrid: Ed. Biblioteca Nueva, 1967.

FREUD, S. (1938) *Compendio del Psicoanalisis*. Obras Completas, vol. III, Madrid: Ed. Biblioteca Nueva, 1967.

FREUD, S. (1938) *Construcciones en Psicoanalisis*. Obras Completas, vol. III, Madrid: Ed. Biblioteca Nueva, 1967.

FREUD, S. (1938) *Esquema del Psicoanalisis*. Obras Completas, vol. III, Madrid: Ed. Biblioteca Nueva, 1967.

FREUD, S. (1939) *Analisis Terminable y Interminable*. Obras Completas, vol. III, Madrid: Ed. Biblioteca Nueva, 1967.

GARCIA-ROZA, L. A. *O mal Radical em Freud*. 2ª ed. Rio de Janeiro: Jorge Zahar, 1993.

GARCIA-ROZA, L. A. *Introdução à Metapsicologia Freudiana: A interpretação do sonho (1900)*. v. 2. Rio de Janeiro: Jorge Zahar, 1991.

GARCIA-ROZA, L. A. *Introdução à Metapsicologia Freudiana: Sobre as afasias (1891).O Projeto de 1895*. v. 1. Rio de Janeiro: Jorge Zahar, 1991.

GARCIA-ROZA, L. A. *Palavra e verdade: na filosofia antiga e na psicanálise*. Rio de Janeiro: Jorge Zahar, 1990.

Negatividade e Vínculo: Mestiçagem como Ideologia

GARCIA-ROZA, L. A. *Freud e o incosnciente*. 4. ed. Rio de Janeiro: Jorge Zahar, 1988.

GARCIA- ROZA, L. A. *Acaso e Repetição em Psicanálise: uma introdução à teoria das pulsões*. 2. ed. Rio de Janeiro: Jorge Zahar, 1986.

GARCIA, C. *Psicanálise, Política, Lógica*. 2. ed. São Paulo: Escuta, 1995.

GIANNOTTI, J. A. *Origens da Dialética do Trabalho: Estudo Sobre a Lógica do Jovem Marx*. Porto Alegre, Rio Grande do Sul: L&PM Editores, 1985.

GOLDMANN, L. *Épistémologie et Philosophie Politique*. Paris: Denoël/ Gonthier, 1978.

GOLDMANN, L. *La Création Culturelle dans la Société Moderne*. Paris: Denoël/Gonthier, 1971.

GONDIM, M. C. B. Inconsciente: Perspectiva Kleiniana. In: KNOBLOCH, F. (Org.) *O Inconsciente Várias Leituras*. São Paulo: Editora Escuta, 1991.

GREEN, A. *O Discurso Vivo: Uma Teoria Psicanalítica do Afeto*. Rio de Janeiro: Editora Francisco Alves, 1982.

GREEN, A Le Langage dans la Psychanalyse. In: GREEN, A. (Org. et al.) *Langages II Rencontres Psychanalytiques d'Aix-en-Provence 1983 -* LE LANGAGE DANS LA PSYCHANALYSE PAR ANDRÉ GREEN, Paris: Société d'Édition, Editora Les Belles Lettres, 1984.

GREEN, A. E Inconsciente Freudiano y el psicoanálisis Francés conteporáneo. In: MASOTTA, O. (Org.) *El Inconsciente Freudiano y el Psicoanálisis Francés Contemporáneo*. Buenos Aires, Argentina: Nueva Visión, 1984.

GREEN, A. *Sobre a Loucura Pessoal*. Rio de Janeiro: Imago, 1988.

GREEN, A. *La Folie Privée: Psychanalyse des Cas-limites*. Paris: Gallimard, 1990a.

GREEN, A. *Conferências Brasileiras de André Green: Metapsicologia dos Limites*. Rio de Janeiro: Imago, 1990b.

Maria Inês Assumpção Fernandes

GREEN, A. *Révélations de L'Inachèvement: A Propos du Carton de Londres de Léonard de vinci.* Paris: Flammarion, 1992a.

GREEN, A. *La Déliaison: Psychanalyse, Anthropologie et Littérature.* Paris: Les Belles Lettres, 1992b.

GREEN, A. *Le travail du Négatif.* Paris: Les Éditions de Minuit, 1993.

GREEN, A. et al. *Le Négatif: Travail et Pensée.* France: L'Esprit du Temps, 1995a.

GREEN, A. *La Causalité Psychique: Entre Nature et Culture.* Paris: Editions Odeile Jacob, 1995b.

GREEN, A. (1995) *La Metapsicología Revisitada:* Buenos Aires, Argentina: Editorial Universitaria de Buenos Aires, 1996.

GREEN, A. et al. *L'avenir d'une désillusion.* Paris, Presses Universitaires de France, 2000.

GREEN, A Le cadre psychanalytique: son intériorisation chez l'analyste et son application dans la pratique. In: GREEN, A. et al. *L'avenir d'une désillusion.* Paris: Presses Universitaires de France, 2000.

GREEN, A. *La Diachronie en Psychanalyse.* Paris: Les Éditions de Minuit, 2000.

GREEN, A. *El Tiempo fragmentado.* Argentina: Amorrortu, 2001.

GRUNBERGER, B. *Narciso e Anubi: Psicopatologia e narcisismo.* Roma: Astrolabio, 1994.

GUATARI, F. Entretien. In: Dubost, A. et al. *L'intervention institutionnelle.* Paris: PBP, 1980.

GUEDES, J.. "Oscar Niemeyer na Barra Funda, em São Paulo". São Paulo: *Revista USP*, n° 5, 1990.

GUEDES, Joaquim. "Geometria Habitada". In: VALÉRY, P. *Eupalinos ou O Arquiteto.* São Paulo: Editora 34, 1996 (Prefácio).

GUEDES, J. L'architecture du future. Oral Presentation to XXI World Congress of Architecture, 22 to 26 July 2002 in Berlin, 2002.

Negatividade e Vínculo: Mestiçagem como Ideologia

GUILLAUMIN, J. *Entre Blessure et Cicatrice: Le destin du négatif dans la psychanalyse.* Paris: Champ Vallon, 1987.

GUILLAUMIN, J. L'Oeil sur le divan , du leurre et de l'absence dans le trompe-d'oeil, dan l'art et dans la psychanalyse. In : Kaës, R. (Org.) *L'effet tromp-l'oeil dans l'art et la psychanalyse.* Paris, Dunod, 1988.

GUILLAUMIN, J. Étrange espèce d'espace ou la Pensée du Négatif dans le Champ de la Psychanalyse. In: MISSENARD, A. (Org.) *Le Négatif Figures et modalités.* Bordas, Paris: Dunod, 1989.

GUILLAUMIN, J. *L'Objet.* France: L'Esprit du Temps, 1996.

GUILLAUMIN, J. et al. *L'invention de la Pulsion de Mort.* Paris: Dunod, 2000.

GUINSBERG, E. *La Salud mental en nuestros tempos de colera.* UAMX, 1996

GUTIERREZ, Y.; MISSENARD, A. "Être ou ne pas Être", en Groupe. Essai Clinique sur le Négatif. In: MISSENARD, A. (Org.) *Le Négatif : Figures et modalités.* Bordas, Paris: Dunod, 1989. p. 57-77.

HERRMANN, F. *Andaimes do Real: Livro Primeiro o Método da Psicanálise.* 2. ed. São Paulo: Brasiliense, 1991.

HOBSBAWM, E. *A Era do Capital 1948/1975.* Rio de Janeiro: Paz e Terra, 1982.

HOBSBAWM, E. *Tempos Interessantes: Uma vida no século XX.* São Paulo: Companhia das Letras, 2002.

HUSSERL, E. (1913) *Ideas relativas a una fenomenología pura y una filosofía fenomenológica.* Mexico: Fondo de Cultura Economica, 1950.

IMBEAULT, J. Coup d'oeil sur la crise. In: GREEN, A. et al. *L'avenir d'une désillusion.* Paris: Presses Universitaires de France, 2000.

JACOB, F. (1970) *A Lógica da Vida: Uma história da Hereditariedade.* Rio de Janeiro: Graal, 1983.

KAËS, R.; ANZIEU, D.; THOMAS, L.V. *Fantasme et Formation.* Paris: Dunod, 1975.

KAËS, R et al. *Crise, Rupture et Dépassement.* Paris: Dunod, 1979.

KAËS, R. *L'idéologie Études Psychanalytiques: Mentalité de L'idéal et Esprit de Corps.* Paris: Dunod, 1980.

KAËS, R. Le Groupe Baroque. Ensemble vide et Figures de L'excès. In: Kaës, R. (Org.) *L'effet tromp-l'oeil dans l'art et la psychanalyse.* Paris, Dunod, 1988.

KAËS, R. Le Pacte Dénégatif dans les ensembles transsubjectifs. In: MISSENARD, A. (Org.) *Le Négatif Figures et modalités.* Bordas, Paris: Dunod, 1989. (Collection Inconscient et Culture).

KAËS, R. et al. *L'inconscient et la Science.* Paris: Dunod, 1991.

KAËS, R. *Le Groupe el le Sujet du Groupe – Éléments Pour Une Théorie Psychanalytique du Groupe.* Paris: Dunod, 1993.

KAËS, R. *La Parole et le Lien: Processus Associatifs Dans Les Groupes.* Paris: Dunod, 1994.

KAËS, R. et al. *Contes et divans: Médiation du conte dans la vie psychique.* Paris: Dunod, 1996a.

KAËS, R. et al. *Souffrance et psychopathologie des liens institutionnels.* Paris: Dunod, 1996b.

KAËS, R. et al. *Trasmisión de la Vida Psíquica Entre Generaciones.* Buenos Aires: Amorrortu, 1996c.

KAËS, R. *O Grupo e o Sujeito do Grupo: Elementos para uma Teoria Psicanalítica do Grupo.* São Paulo: Casa do Psicólogo, 1997.

KAËS, R. Différence Culturelle, Souffrance de La Langue et Travail du Préconscient dans deux Dispositifs de Groupe. In: KAËS, R. et al. *Différence Culturelleet et Souffrances de L'identité.* Paris: Dunod, 1998.

KAËS, R. et al, *Le Psychodrame Psychanalytique de Groupe.* Paris: Dunod, 1999a.

KAËS, R. *Les théories psychanalytiques du groupe.* France: Presses Universitaires de France, 1999b. (coll. Que sais-je?).

Negatividade e Vínculo: Mestiçagem como Ideologia

KAËS, R. (1976) *L´Appareil Psychique Groupal*. Paris: Dunod, 2000a.

KAËS, R. Transmissão psíquica dos efeitos da morte de uma criança sobre os irmãos e irmãs e sobre sua descendência. In: CORREA, O. B. R. (Org.) *Os avatares da transmissão psíquica geracional*. São Paulo: Escuta, 2000b.

KAËS, R. O intresse da psicanálise para considerar a realidade psíquica da instituição. In: CORREA, O.B.R. (Org.) *Vinculos e instituições: uma escuta psicanalítica*. São Paulo: Escuta, 2002a.

KAËS, R. *La polyphonie du rêve*. Paris: Dunod, 2002b.

KATZ, C.S. (Org.) *Psicanálise e Sociedade*. Belo Horizonte: Interlivros, 1977.

KNOBLOCH, F. (Org.) *O Inconsciente Várias Leituras*. São Paulo, Editora Escuta, 1991.

KONDER, L. *A Questâo da Ideologia*. São Paulo: Companhia das Letras, 2002.

KRISTEVA, J. Commentaires sur le Texte de J. Guillaumin. In: MISSENARD, A. (Org.) *Le Négatif Figures et modalités*. Bordas, Paris: Dunod, 1989. (Collection Inconscient et Culture).

KURZ, R. *Os Últimos Combates*. 2. ed. Petrópolis, Vozes, 1997.

LALANDE, A. *Vocabulaire de la Philosophie*. Paris :PUF, 1951.

LANGER, S. K. *Filosofia em Nova Chave*. 2. ed. São Paulo: Perspectiva, 1989. (Coleção Debates – Filosofia).

LAPLANCHE, J.; PONTALIS, J.-B. (1985) *Fantasia Originária, Fantasias das Origens, Origens da Fantasia*. Rio de Janeiro: Jorge Zahar, 1988.

LAPLANCHE, J.; LECLAIRE, S. El Inconsciente: un estudio psicoanalítico. In: MASOTTA, O. (Org.) *El Inconsciente Freudiano y el Psicoanálisis Francés Contemporáneo*. Buenos Aires, Argentina: Nueva Visión, 1984. p. 13-78.

LAPLANCHE, J. (1961) *Hölderlin: Et la Question du Pére*. 2. ed. Paris, Presses Universitaires de France, 1969.

Maria Inês Assumpção Fernandes

LASCH, C. *A Rebelião das Elites e a Traição da Democracia*. Rio de Janeiro: Ediouro, 1995.

LASCH, C. (1979) *A Cultura do Narcisismo: A vida Americana numa Era de Esperanças em Declínio*. Rio de Janeiro: Imago, 1983.

LECLAIRE, S. Nota sobre el objeto del psicoanálisis. In: MASOTTA, O. (Org.) *El Inconsciente Freudiano y el Psicoanálisis Francés Contemporáneo*. Buenos Aires, Argentina: Nueva Visión, 1984. p. 145-160.

LECOURT, E. La Musique, Lien Transitionnel entre les Cultures, et ses applications thérapeutiques. In: KAËS, R. et al. *Différence Culturelle el Souffrances de L'identité*. Paris: Dunod, 1998. p. 181-207.

LEITE, D.M. (1954) *O Caráter Nacional Brasileiro: História de uma ideologia*. 5. ed. São Paulo: Ática, 1992.

LEMINSKY, P. (14/4/97) eu ontem tive a impressão.

LEVIN, C. Le devenir d'une a-civilisation: la psychanalyse comme virtualité du corps primitif. In: GREEN, A. et al. *L'avenir d'une désillusion*. Paris: Presses Universitaires de France, 2000. p. 99-117.

LÉVINAS, E. *Da Existência ao Existente*. Campinas, São Paulo: Papirus, 1998.

LOPARIC, Z. Um Olhar Epistemológico Sobre o Inconsciente Freudiano. In: KNOBLOCH, F. (Org.) *O Inconsciente Várias Leituras*. São Paulo: Editora Escuta, 1991. p. 43-58.

LORENZER, A. (1972) *Bases para una teoría de la socialización*. Buenos Aires: Amorrortu, 2001.

LUSSIER, A. L'avenir d'une désillusion ou l'ombre de la folie. In: GREEN, A. et al. *L'avenir d'une désillusion*. Paris: Presses Universitaires de France, 2000. p. 119-135.

MANNONI, P. *La psychologie collective*. Paris: Presses Universitaires de France, 1985. (coll. Que sais-je?).

MARICATO. As idéias fora do lugar e o lugar fora das idéias. In: *A cidade do pensamento único*. Petropolis: Vozes, 2000.

Negatividade e Vínculo: Mestiçagem como Ideologia

MARINS, P. C. G. Habitação e vizinhaça: limites da privacidade no surgimento das metropolis brasileiras. In: SEVCENKO, N. (Org.). *Historia da vida privada no Brasil*. São Paulo: Companhia das Letras, 1998.

MARSIGLIA, R. et al. *Saúde Mental e Cidadania*. São Paulo: Edições Mandacaru, 1987.

MARTINS, J. S. *A Sociedade Vista do Abismo: Novos estudos sobre exclusão, pobreza e classes sociais*. Petrópolis: Vozes, 2002.

MARTINS, J. S. (Org.) *(Des)Figurações: A Vida Cotidiana no Imaginário Onírico da Metrópole*. São Paulo: Hucitec, 1996.

MASOTTA, O. *Dualidade Psíquica: modelo pulsional*. Campinas, São Paulo: Papirus, 1986.

MATOS, O C.F. Cidadania: espaço público e tolerância mestiça. In: FERNANDES, M. I. A.; SCARCELLI, I. R.; COSTA, E. S. (Org.) *Fim de Século: ainda manicômios?* São Paulo, IPUSP, 1999.

MELLO, S. L. Apresentação. In: BAPTISTA, L. A. *A cidade dos sábios: reflexão sobre a dinâmica social nas grandes cidades*. São Paulo: Summus, 1999.

MENEZES, L. C. *Universidade Sitiada*. São Paulo: Ed. Fundação Perseu Abramo, 2000.

MIRANDOLA, P. *A Dignidade do Homem*. São Paulo: Ed. GRD, 1988.

MONETTE, L. Désenchanté, dites-vous? In: GREEN, A. et al. *L´avenir d´une désillusion*. Paris: Presses Universitaires de France, 2000.

MORO, M.R.; REVAH-LEVY, A ; Soi-Même dans L'exil: Les figures de l'altérité dans un dispositif psycchothérapique. In: KAËS, R. et al. *Différence Culturelle el Souffrances de L´identité*. Paris: Dunod, 1998.

MOTTA, L. T. *Catedral em Obras: Ensaios de Literatura*. São Paulo: Iluminuras, 1995.

MOURY, R. L´emprise du visuel ou le déni de la perte. In: MISSENARD, A. (Org.) *Le Négatif Figures et modalités*. Bordas, Paris: Dunod, 1989. (Collection Inconscient et Culture).

Maria Inês Assumpção Fernandes

MUMFORD, L. *A Cidade na História : suas origens, transformações e perspectivas.* 4a ed. São Paulo: Martins Fontes, 1998.

MURANAKA, M. A. S., MINTO, C. A. O capítulo "Da Educação Superior", na LDB – uma análise. *Universidade e Sociedade,* ano VIII, n. 15, 1998, p. 65-75.

NIETZSCHE, F. *Assim Falava Zaratustra.* 3. ed. São Paulo, Edições e Publicações Brasil Editora, 1950.

NORBERT, E. *Du Temps.* France: Librairie Arthème Fayard, 1996.

NOVAES, A. et al. *O Olhar.* São Paulo: Companhia das Letras, 1988.

OLIVEIRA VIANNA. *Instituições Políticas Brasileiras.* Primeiro Volume – Fundamentos Sociais do Estado. Rio de Janeiro: Livraria José Olympio Editora, 1955.

Organizadoras: Maria Cláudia Tedeschi Vieira, Maria Cristina Gonçalves Vicentin e Maria Inês Assumpção Fernandes « TECENDO A REDE : TRAJETÓRIAS DA SAÚDE MENTAL EM SÃO PAULO 1989-1996» São Paulo, Cabral Editora Universitária, 1999.

OSTROWESTKY. (1979) *Logiques du lieu. Sémiotique de l'espace.* Paris: Denoël, 1999.

PATTO, M. H. S. *Mutações do Cativeiro: Escritos de Psicologia e Política.* São Paulo: Edusp; Hacker Editores, 2000.

PATTO, M. H. S. *Psicologia e Ideologia: Uma Introdução Crítica à Psicologia Escolar.* São Paulo: Queiroz Editor, 1987.

PAZ, O. *Corriente Alterna.* 7. ed. México: Siglo XXI editores, 1973.

PEIXOTO, N. B. O Olhar do estrangeiro. In: NOVAES, A. (Org.) *O olhar.* São Paulo: Schwarcz, 1988. p. 361-365.

PERNIOLA, M. *Pensando o Ritual Sexualidade, Morte, Mundo.* São Paulo: Studio Nobel, 2000.

PERRONE-MOISÉS, L. Pensar é estar doente dos olhos. In: NOVAES, A. (Org.) *O olhar.* São Paulo: Schwarcz, 1988. p. 327-346.

Negatividade e Vínculo: Mestiçagem como Ideologia

PESSANHA, J.A.M. Bachelard e Monet: o olho e a mão. In: NOVAES, A. (Org.) *O olhar*. São Paulo: Schwarcz, 1988.

PIAGET, J. *Las Formas Elementales de la Dialéctica.* España: Gedisa, 1982.

PIAGET, J. *Sagesse et Illusions de la Philosophie.* Paris: Presses Universitaires de France, 1968.

PICHON-RIVIÈRE, E. (1971) *El Proceso Grupal: Del Psicoanálisis e la Psicología Social (I).* Buenos Aires, Argentina: Nueva Visión, 1975. (Colección Psicología Contemporánea, dirigida por Jorge Rodríguez).

PICHON-RIVIÈRE, E. (1971) *La Psiquiatría, una Nueva Problemática: Del Psicoanálisis a la Psicología Social (II).* Buenos Aires, Argentina: Nueva Visión, 1977. (Colección Psicología Contemporánea, dirigida por Jorge Rodríguez).

PICHON-RIVIÈRE, E. *Teoría del Vínculo: selección y revisión Fernando Taragano.* Buenos Aires, Argentina: Nueva Visión, 1980. (Colección Psicología Contemporánea, dirigida por Jorge Rodríguez).

PICHON-RIVIÈRE, J. *Diccionario de Términos y Conceptos de Psicología y Psicologia Social.* Buenos Aires, Argentina: Nueva Visión, 2002.

POCHMANN, M. (Org.) *Desenvolvimento, Trabalho e Solidariedade.* São Paulo: Cortez e Ed. Fundação Perseu Abramo, 2002.

PONTALIS, J.-B. *Après Freud.* France: Gallimard, 1993.

PONTALIS, J. B. Planteamiento del Problema del Inconsciente en Merleau-Ponty. In: MASOTTA, O. (Org.) *El Inconsciente Freudiano y el Psicoanálisis Francés Contemporáneo.* Buenos Aires, Argentina: Nueva Visión, 1984. p. 161-180.

PONTALIS, J.-B. *Entre le Rêve el la Douleur.* France: Gallimard, 1977.

PUGET, J. et al. *Violence D'état et psychanalyse.* Paris: Dunod, 1989.

REICH, W. *Análise do Caráter.* São Paulo: Martins Fontes, 1995.

Maria Inês Assumpção Fernandes

REICH, W. *Psicologia de Massas do Fascismo*. 2. ed. São Paulo: Martins Fontes, 1988.

RESNIK, S. *The Theatre of the Dream*. Londres: Tavistock Publications, 1987. (New Library of Psychoanalysis 6).

RIBEIRO, W. C. Milton Santos: aspectos de sua vida e obra. In: *El ciudadano, la globalización y la geografía*. Homenaje a Milton Santos. *Scripta Nova. Revista electrónica de geografía y ciencias sociales*, Universidad de Barcelona, vol. VI, núm. 124, 30 de septiembre de 2002.

RICOEUR, P. *Interpretação e Ideologias*. 3. ed. Rio de Janeiro: Francisco Alves, 1988.

RODRIGUEZ, S. A.; BERLINCK, M. T. (Org.) *Psicanálise de Sintomas Sociais*. São Paulo: Ed. Escuta, 1988.

ROSOLATO, G. Le Négatif et son lexique. In: MISSENARD, A. (Org.) *Le Négatif Figures et modalités*. Bordas, Paris: Dunod, 1989. p. 9- 22. (Collection Inconscient et Culture).

ROUSSILLON, R. Le pacte dénégatif originaire, le domptage de la pulsion et l'effacement. In: MISSENARD, A. (Org.) *Le Négatif Figures et modalités*. Bordas, Paris: Dunod, 1989. p. 137-153. (Collection Inconscient et Culture).

ROUSTANG, F. et al. *Freud 50 Anos Depois*. Organização de Joel Birman. Rio de Janeiro: Relume. Dumará, 1989.

SAMI-ALI, M. *Lo Visual y lo Táctil: Ensayo sobre la Psicosis y la Alergia*. Buenos Aires: Amorrortu, 1984.

SANTIAGO, S. *Intérpretes do Brasil*. Nova Aguilar, 2002.

SANTOS, B. S. *Pela Mão de Alice: O Social e o Político na Pós Modernidade*. São Paulo: Cortez, 1995.

SANTOS, B. S. (1989) *Introdução a uma Ciência Pós-Moderna*. 5. ed. São Paulo: Edições Afrontamento, 1998a.

SANTOS, B. S. (1987) *Um discurso sobre as Ciências*. 10. ed. São Paulo: Edições Afrontamento, 1998b.

Negatividade e Vínculo: Mestiçagem como Ideologia

SANTOS, B.S. A crítica da razão indolente: contra o desperdício da experiência. v. 1. São Paulo, Cortez, 2000.

SANTOS, M. *A Natureza do Espaço: Técnica e Tempo. Razão e Emoção.* São Paulo: Edusp, 2002.

SANTOS, M. et al. *O Novo Mapa do Mundo: Fim de Século e Globalização.* São Paulo: Hucitec, 1994.

SARTRE, J. P. *Questão de Método.* São Paulo: Difusão Européia do Livro, 1967.

SARTRE, J. P. et al. *Marxismo e Existencialismo (Controvérsia sôbre a Dialética).* Rio de Janeiro: Ed. Tempo Brasileiro, 1966.

SARTRE, J. P. *Reflexões sobre o Racismo.* 3. ed. São Paulo: Difusão Européia do Livro, 1963.

SCARCELLI, I. *Do Hospício à Cidade: exclusão/inclusão social no campo da saúde mental.* Tese de Doutorado. São Paulo : USP. 2002

SCHWARCZ, L. M. (1993) *O espetáculo das Raças: Cientistas, Instituições e Questão Racial no Brasil 1870-1930.* São Paulo: Schwarcz, 2002.

SCHWARZ, R. (1938) *Um Mestre na Periferia do Capitalismo: Machado de Assis.* São Paulo: Duas Cidades, 1990.

SCHWARZ, R. *Ao Vencedor as Batatas.* 4. ed. São Paulo: Duas Cidades, 1992.

SEGAL, H *Dream, Phantasy and Art.* Londres: Tavistock; Routledge, 1991.

SEGAL, H. *Délire et Créativité: essais de psychanalyse clinique et théorique.* Paris: Des femmes, 1987.

SÉLYS, G. L'école, grand marché du XXIe siècle. *Le Monde diplomatique*, juin 1998.

SERRES, M. *Le Tiers-Instruit.* Paris: Gallimard, 1991. (folio199 essais).

Maria Inês Assumpção Fernandes

SEVCENKO, N. (1992) *Orfeu Extático na Metrópole São Paulo Sociedade e Cultura nos frementes anos 20*. São Paulo: Schwarcz , 1998.

SILVA, F. L. (2000, março). Reflexões sobre o conceito e a função da universidade pública. In: *Estudos avançados*. São Paulo: Instituto de Estudos Avançados da Universidade de São Paulo. (Coleção Documentos, nº 17).

SILVEIRA, M. Pluralidade cultural ou atualidade do mito da democracia racial ? In: BENTO, M.A.S. (Org.) *Ação afirmativa e diversidade no trabalho: desafios e possibilidades*. São Paulo: Casa do Psicólogo, 2000. p. 51-66.

SILVEIRA, P. A Gênese extramundana do indivíduo: A ideologia moderna em Dumont In Cardoso, I.; Silveira, P. (Org.). *Utopia e Mal-Estar na Cultura: Perspectivas Psicanalíticas*. São Paulo: Hucitec, 1997. p. 9-48.

SIQUEIRA, R. Ficções. In: BORGES. *Ficções*. 1989.

SODRÉ, M. Claros e escuros: identidade, povo e mídia no Brasil / Muniz Sodré Petrópolis: Vozes, 1999.

SKINNER, B. F. *Beyond Freedom and Dignity*. London: Great Britain, 1972.

SNOW, D.; ANDERSON, L. *Desafortunados: Um Estudo Sobre o Povo da Rua*. Petrópolis, Rio de Janeiro: Vozes, 1998.

SOMBART, W. *El Burgues*. Version Castellana de Victor Bernardo. Buenos Aires: Ediciones Oresme, 1953.

SOUZA, M. M. (2003). *Jornal Estado de São Paulo*, São Paulo, 20 agosto, P. A9.

SOUZA, A.M.G. *Limites do habitar: segregação e exclusão na configuração urbana contemporânea de Salvador e perspectivas no final do século XX*. Tese de Doutorado FAU-USP, 1999.

STERZA JUSTO, S. Saúde mental em trânsito: loucura e a condição de itinerância na sociedade contemporânea. In: BOARINI, M. L. et al (Org.) *Desafios na atenção à saúde mental*. Editora da Universidade Estadual de Maringá, 2000.

Negatividade e Vínculo: Mestiçagem como Ideologia

TEMPO SOCIAL – REVISTA DE SOCIOLOGIA DA USP. São Paulo: Universidade de São Paulo, v. 7, n. 1 e 2, out. 1995.

THOMAS, D. *The Collected Stories*. London: Great Britain, 1983.

THOMAS, D. (1952) *Collected Poems*. London: Great Britain: Everyman´s Library, 1977.

VALADARES, J de C. Espaço-ambiente e Comportamento Humano. In: Mello Filho, L.E. (Org.) *Meio Ambiente & Educação*. Rio de Janeiro: Gryphus, 1999.

VALÉRY, P. (1919) *Introdução ao método de Leonardo Da Vinci*. São Paulo: Ed. 34, 1998.

VALÉRY, P. (1945) *Eupalinos ou O Arquiteto*. *São Paulo*: Ed. 34, 1996.

VALÉRY, P. (1894) *Poésie Perdue*. *Les Poèmes en prose des Cahiers*. Paris: Ed. Gallimard, 2000.

VIANNA, O. *Instituições Políticas Brasileiras - Primeiro Volume – Fundamentos Sociais do Estado*. Rio de Janeiro: José Olympio, 1955.

VIEIRA, A. *Sermões*. São Paulo: Nacional, 1957. (Seleção com ensaio crítico de Jamil Almansur Haddad).

VILLAMIL, R. R.U. *Las Instituciones Íntimas*. México: Universidad Autónoma Metropolitana, Unidad Xochimilco, 1996.

WEBER, M. (1922) *Economia y Sociedad II: Esbozo de Sociología Comprensiva*. México: Fondo de Cultura Economica, 1944.

WEIL, S. *A condição operária e outros estudos sobre a opressão*. 2. ed. rev. Organização de Ecléa Bosi; Rio de Janeiro: Paz e Terra, 1996.

WEYLER, A.R. *Os caminhos das propostas de moradias para ex-pacientes psiquiátricos: as políticas públicas em saúde mental, o morar e a cidade*. Dissertação de Mestrado. Instituto de Psicologia, Universidade de São Paulo. São Paulo, 2004.

WILLEMART, P. *Proust, Poeta e Psicanalista*. Cotia, São Paulo: Ateliê, 2000.

WINNICOTT, D.W. (1958) *Da Pediatria à Psicanálise: Obras Escolhidas.* Rio de Janeiro: Imago, 2000.

WINNICOTT, D.W. (1971) *O Brincar & a Realidade.* Rio de Janeiro: Imago, 1975.